増加する
外国人経営者

—日本を愛する人たちの魅力的な中小ビジネス—

日本政策金融公庫総合研究所 編

刊行に当たって

近年、ダイバーシティ経営という言葉をよく聞くようになった。多様な人材の活躍を促すことで、イノベーションを生み出し、企業の価値を高めていこうというものだ。多様な人材には、もちろん外国人も含まれている。ただ、その議論の対象は、さまざまな職場で働く従業員の側であることが多い。では、翻って、経営者自身の多様性はどうだろうか。生活習慣やビジネス環境が日本とは異なる海外で生まれ育った外国人経営者は、日本人経営者とは少し違った視点をもっていると考えられる。その存在は、日本のビジネス界に多様性をもたらすことによって、経済活性化の原動力となる可能性を秘めているといえないだろうか。経済のグローバル化のなかで、海外からやって来る外国人経営者は増えている。そしてその大部分が中小企業を経営していると推測される。ただ、彼らの全体像は、これまで必ずしも明らかになってはいなかった。本書では、そうした海外出身の外国人経営者に注目して分析を進める。

本書の構成は、次のとおりである。第１章から第３章は日本政策金融公庫総合研究所のスタッフが記述を担当し、第４章と第５章は、外部の専門家に執筆を依頼した。

第１章では、外国人経営者に関する統計を整理したうえで、当研究所が独自に実施した、おそらくわが国初の大規模なアンケートに基づき、日本に住む外国人経営者の実像に迫っていく。データの分析と執筆は、研究主幹の深沼光、研究員の髙木惇矢（現・松本支店中小企業事業課長代理）と西山聡志、客員研究員の山田佳美が担当した。

第２章はケーススタディである。ヒアリングで得られた情報を基にして、世界各国から来日して事業を起こした８人の外国人起業家の、来日の経緯、日本で創業した理由、事業の特徴などを紹介する。執筆は、深沼光、髙木惇矢、西山聡志が担当した。

第３章では、日本に所在する在日外国商工会議所の活動と、外国人経営者への具体的な支援内容について、五つの商工会議所へのヒアリングを基に取りまとめている。執筆は、深沼光と主任研究員の山口洋平が担当した。

第４章では、カルチュア・コンビニエンス・クラブ㈱九州カンパニー福岡市スタートアップカフェ運営責任者の佐藤賢一郎氏とBridge of Dreams 代表の戸崎いずみ氏に、福岡市における国家戦略特区を活用した外国人による創業の促進への取り組みを、詳しくご紹介いただいた。

第５章では、ブレーメン大学経営経済学部中小企業経営・アントレプレナーシップ研究科の研究員・専任講師である播磨亜希氏に、国境を越えて起業する人たちの経済に果たす役割、特有の課題やそれに対する支援策などについて、世界各地の事例を交えながら論じていただいた。

本書の執筆に当たって実施したアンケートには、新型コロナウイルス感染症の流行が続き、経営への影響も少なくないなか、多くの外国人経営者の方々から、ご回答を得ることができた。ケーススタディで紹介した外国人起業家の方たち、各在日外国商工会議所の皆様には、ご多忙にもかかわらず、快くヒアリングに応じていただいた。佐藤賢一郎氏、戸崎いずみ氏、播磨亜希氏には、タイトなスケジュールでの原稿執筆と書籍編集にご協力をいただいた。㈱同友館の神田正哉氏は、記述内容全般について丁寧に校正を進めてくださった。本書の完成に力を添えていただいた、こうした多くの方々に対し、ここに改めて御礼申し上げる次第である。

留学生や日本で働く外国人が増える傾向にあることを考えると、外国人経営者の増加は、少なくとも今後しばらくは続く可能性が高い。創業件数が伸び悩み、中小企業の後継者問題が深刻化するなかで、こうした外国人経営者は、日本経済における重要なプレーヤーとしての活躍が期待される。本書の一連の分析が、外国人経営者への理解を深めるだけではなく、よりスムーズかつ有効な支援体制を構築していくために役立つことができるならば、望外の幸せである。

2021年6月

日本政策金融公庫総合研究所
所長　武士俣 友生

目次

第1章

外国人経営者の実像

―「活躍する外国人経営者に関するアンケート」調査結果を中心に―

日本政策金融公庫総合研究所
研究主幹　深沼　光
研究員　髙木 惇矢
(現・松本支店中小企業事業課長代理)
研究員　西山 聡志
客員研究員　山田 佳美

1　はじめに

(1) 問題意識

本書では、中小企業を経営する海外出身の外国人（以下、たんに「外国人経営者」という）に注目して分析を進める。世界各国から新たに来日して事業経営を始める外国人経営者が近年増加している。彼らは、生活やビジネスの習慣が日本とは異なるところで生まれ育っているため、事業に対する考え方や商品・サービスに対する視点も、日本人経営者とは少し違っている場合があると思われる。彼らが日本でビジネスの世界に入ってくることは、その異質性により一部には周囲との摩擦を生む懸念がある一方で、多様性をもたらすという意味では、日本経済にとってプラスに作用する面も多いのではないだろうか。

ここではわが国の入国管理政策についての議論は控えるが、現状の制度の下でも、外国人経営者は増加するトレンドにある。もし、彼らが外国人であるということで事業経営に関して何らかの苦労を強いられているとすれば、それを解消するための支援が求められるだろう。

第１章では、こうした外国人経営者の実像に迫る。構成は以下のとおりである。第１節で問題意識と先行研究を整理したうえで、次の第２節では、官公庁統計データと調査会社の企業データベースを基に、外国人経営者の現状を整理する。第３節以降は、2020年10月に当研究所が実施した「活躍する外国人経営者に関するアンケート」を基に、外国人経営者の実態を探っていく。まず、第３節では調査方法に加え、経営する企業の概要と外国人経営者の出身国、年齢などについて説明する。第４節では来日した理由や最終学歴、日本語の会話レベルなどについて、第５節では経営者になった経緯、経営者になる直前の職業、創業資金の調達方法など、第６節では取り扱う商品・サービスの特性、出身国・出身国人とのビジネス上のつながり、海外出身であることのメリットとデメリットなどを紹介する。第７節では、コロナ禍の下での経営状況を示したうえで、将来の事業展開、日本への永住の可能性について議論する。第８節は第１章の分析の総括である。

なお、一部のデータについては、出身国別の特徴も示す。また、可能なものについては日本人経営者との比較も試みる。併せて、2020年９月から12月にかけて実施した外国人経営者へのヒアリングの結果も、一部紹介する[1]。

（2）先行研究

まず、日本における外国人経営者に関する先行研究を整理する。

外国人経営者の事例については、インターネット上の情報などで多数確認できるが、書籍として発行されたものでは、少し古いものの、大宮（2005）がよくまとまっている。10人の外国人経営者に詳細なインタビューを行い、来日してから現在に至るまでのそれぞれのストーリーを紹介している。そのうえで、銀行融資が受けにくい、不動産を借りにくい、異文化摩擦があるといった理由から日本で外国人が事業を起こすのは難しい状況にあることを指摘し、そうしたハードルを乗り越えてビジネスをスタートさせた外国人経営者

1　個別のヒアリングの詳細は、第２章でケーススタディとして紹介する。

の旺盛なチャレンジ精神をたたえている。

外国人経営者を分析対象に含むアンケートとしては、江（2018）がある。中国からの留学生である自身の人脈を通じて、20歳代から60歳代の日本に在住する外国人79人に実施したものである。起業についての質問では、すでに起業している人が10人、３年以内に予定している人が11人、３年後以降に予定している人が10人との回答を得た[2]。また、30歳代の起業確率が高いこと、日本に滞在する目的が就労の場合に起業確率が高く、留学や家族滞在の場合は低いことを示した。また、将来の経営者予備軍ともいえる外国人留学生については、ディスコ（2018）が、就職後のキャリアプランの質問で、いずれは独立・起業したいと回答した外国人留学生が13.4％いることを示した[3]。

外国人経営者の受け入れ時の課題については、日本総合研究所（2012）が、15人の日本で創業した外国人経営者へのヒアリングを基に、特に新たに入国して事業を始める場合に、不動産の賃借が難しいことが多いこと、金融機関からの借入は少なく友人・親族からの資金調達に頼っていること、外国人のスタッフを雇用する際の手続きに時間がかかることなどを指摘している。野村（2015）は、米国、英国、ドイツ、韓国の起業人材受け入れに向けた政策を整理し、日本で外国人の創業を増やすには、留学生の増加と定着の仕組

2　2016年から2017年にかけて実施。79人の回答者のうち中国人が58人で全体の73.4％を占める。人脈を通じてアンケートを依頼したため、中国人の割合が高いなどサンプルが偏っていることについては、江（2018）も自ら指摘している。なお、アンケート回答者には日本国籍取得者４人も含まれており、分析対象は厳密には本章で定義した外国人経営者とは異なる。

3　日本人学生に対する同様の質問の回答割合は、国内学生が6.5％、留学生が14.9％であった。日本人であっても留学している場合には日本にいる外国人留学生に近い割合になっている点は、非常に興味深い。

みづくり、総合的なサポート体制の整備などが必要であるとまとめている。播磨（2019）は、国境を越える「トランスナショナル起業家」について、欧米の膨大な先行研究を整理したうえで、自身が英語で発表した論文を基に日本語で記述したものである[4]。そのなかで、発展途上国での日本人起業家、創業エコシステムにおけるトランスナショナル起業家、ドイツの難民起業家について、ヒアリングなどを基に分析し、トランスナショナル起業家は独特の強みとともに弱みももっていること、それぞれの起業家は多様であり、サポートを行う場合にも多様性への理解が求められることなどを示した。近畿経済産業局（2019）は、外国人起業家を、留学生起業家（日本に留学経験のある起業家）、スピンアウト型起業家（日本で経営・就労経験のある起業家）、進出型外国起業家（起業目的で来日した起業家）の三つに分類している。そのうえで、留学生起業家は人脈や土地勘があり日本語能力も高いことなどから比較的スムーズな事業展開が可能だが資金力に難があること、スピンアウト型起業家も同様の理由で比較的スムーズに起業できるが来日からの期間は長いこと、進出型外国起業家は来日から起業までの期間は短いものの言葉の問題の克服と日本の慣習・文化への慣れが必要であると指摘している。また、外国人起業家へのインタビューから、日本語が読み書きできる人の助けが必要である、在留期間を超える融資が受けにくい、不動産が借りにくいなどの声を集めている。また、行政書士からは、外国人起業家のなかには、労務管理や税金などに関する日本の制度を十分理解していない人もいることが問題であるとの指摘がなされていることを紹介している。

4　本書第５章は、播磨（2019）を基にしたものである。

外国人経営者の経営する企業のパフォーマンスについては、Pandey and Rhee（2015）が、1990年代から2000年代にかけて日本の大企業に招聘（しょうへい）された外国人CEOのケーススタディから、すべての外国人CEOが成功しているわけではないこと、既存の企業文化や組織構造をドラスチックに変化させた場合により成功しやすいことを示した。また、前述の近畿経済産業局（2019）では、外国人が経営する企業は利益率が高いと感じるという金融機関の担当者の声が紹介されている。さらに、本庄（2021）は、新規上場企業において、代表者が外国人であった場合と日本人であった場合の上場後の利益率や成長率の違いについて統計的分析を試みた。ただ、サンプル中に外国人の経営者が非常に少ないことから、有意な結果は得られなかった。

このように、日本における外国人経営者については、さまざまな角度から研究がなされている。ただ、アンケート調査については、小規模なものはあるものの、日本全体を網羅した大規模なものはみられなかった。また、日本中小企業学会、日本ベンチャー学会、日本金融学会の近年の大会プログラム等を調べたが、外国人経営者に関する報告を見つけることはできなかった[5]。

最近では、外国人の企業経営者が、マスコミに取り上げられることは少なくない。特に大企業経営者はそうである。一方、日本の企業の大多数を占める中小企業を経営する外国人については、個別の

5　日本中小企業学会は、大会で発表された主な論文が掲載されている『日本中小企業学会論集』の第1号（1982年）から第38号（2019年）、日本ベンチャー学会は『日本ベンチャー学会誌』No.1（1999年）～No.36（2020年）、会報vol.1（1998年）～vol.92（2020年）、日本金融学会は、機関誌『金融経済研究』創刊号（1991年）～第42号（2019年）を検索した。

事例が紹介されることはあっても、その全体像については、必ずしも明らかになってはいないといってよいだろう。

2　統計でみる外国人経営者

(1) 増える外国人経営者

来日して事業を経営する外国人が増加している。これを、出入国在留管理庁「出入国管理統計」のデータからみてみよう[6]。在留資格が「経営・管理」(2015年３月以前は「投資・経営」) の新規入国者は、2000年の863人が2002年には566人と一旦減少したものの、その後は増加傾向に転じた（図１－１）[7]。2008年の919人をピークに、2013年にかけて再度減少傾向となったが、その後は再び増加傾向となり、2019年には2,237人まで増えた。2020年は1,537人となったが、これは新型コロナウイルスの影響によるものだろう。

この間、ストックベースでみた「経営・管理」の在留資格をもつ中長期在留者の人数は、2000年末の5,694人から、2005年末には6,743人、2010年末には１万908人、2015年末には１万8,109人と一貫して増え続け、2019年末には２万7,249人に達した[8]。2020年

6　出入国在留管理庁は、2019年４月に、それまでの法務省入国管理局に代わって設置されており、「出入国管理統計」と後述の「在留外国人統計」も移管されている。
7　出入国在留管理庁編（2020）では、「経営・管理」の在留資格により日本で行うことができる活動を、「本邦において貿易その他の事業の経営を行い又は当該事業の管理に従事する活動」とし、該当例として、企業等の経営者・管理者を挙げている。認められる在留期間は、５年、３年、１年、６カ月、４カ月、３カ月としている。
8　データは出入国在留管理庁「在留外国人統計」(2011年までは「登録外国人統計」) による、それぞれ年末時点の人数。中長期在留者には、３カ月以下の在留期間の人は含まれないため、「経営・管理」の在留資格で在留期間が３カ月の人は、ここでの数字に含まれない。

図1－1　在留資格が「経営・管理」の新規入国外国人数

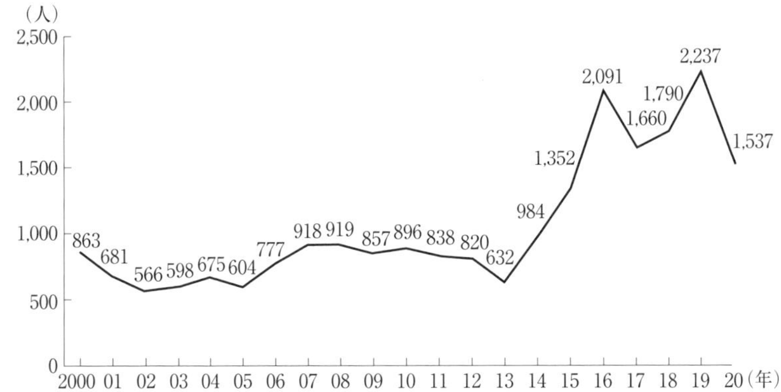

資料：出入国在留管理庁「出入国管理統計」
（注）1　新規入国時の在留資格が「経営・管理」であった外国人の数。再入国は含めない。
　　　2　2015年３月以前は「投資・経営」である（以下同じ）。

末でも２万7,119人と、新型コロナウイルスの影響があるにもかかわらず前年とほぼ同じ水準を保っている。

2019年末時点の２万7,249人を都道府県別にみると、東京都が１万73人で全体の37.0％を占めており、大阪府が2,831人（10.4％）、埼玉県2,767人（10.2％）、千葉県2,182人（8.0％）、神奈川県2,020人（7.4％）、愛知県970人（3.6％）、福岡県881人（3.2％）と続いている[9]。なお、このデータは住所によるものであるため、事業を行っている場所とは必ずしも一致しないことに注意が必要である。国籍・地域別では、中国が１万4,442人で全体の53.0％を占めており、続いて韓国が3,078人（11.3％）、ネパールが1,588人（5.8％）、パキスタンが1,284人（4.7％）、スリランカが1,225人（4.5％）、台湾が862人（3.2％）、米国が668人（2.5％）などとなっている。

9　執筆時点において、「経営・管理」について、都道府県別、国籍・地域別に入手できる最新のデータは2020年６月末のものであるが、ここではフローデータとの比較のため2019年末時点のデータを用いた。

「経営・管理」を目的とした在留資格者には、代表取締役ではない役員なども含まれるものの、外国人経営者の数が近年増えているのは、間違いないだろう。

ただ、これだけでは来日して事業を始める外国人経営者の全体像とはいえない。「経営・管理」以外にも、「永住者」「特別永住者」[10]「定住者」「日本人の配偶者等」「永住者の配偶者等」などの在留資格がある在留外国人は、日本で事業を行うことが可能であるからだ[11]。その数は、2019年末時点で「永住者」が79万3,164人、「特別永住者」が31万2,501人、「定住者」が20万4,787人、「日本人の配偶者等」が14万5,254人、「永住者の配偶者等」が４万1,517人、などとなっており、「経営・管理」の２万7,249人よりはるかに多い（表１－１）。「経営・管理」以外の日本で事業を行うことができる在留資格をもっている外国籍の人のうち、事業を経営しているのは一部と思われるが、海外で生まれた人ならば本書の分析対象に含まれる。

(2) 外国人経営者の総数

そこで、全国にいる外国人経営者の総数の推定を試みることにする。まず、経営者の出身地が47都道府県と海外の国・地域に分類されている、㈱東京商工リサーチ「TSR 企業情報ファイル」（2020

10　特別永住者は「日本国との平和条約の発効により日本の国籍を離脱した者で1945年９月２日以前から引き続き本邦に在留している者及びその直系卑属として本邦で出生しその後引き続き本邦に在留している者」と入管特例法（日本国との平和条約に基づき日本の国籍を離脱した者等の出入国管理に関する特例法）で規定されている。そのうち、現在多くを占める1945年以降に日本で出生した人は、本書における外国人経営者の定義である「中小企業を経営する海外出身の外国人」には当たらない。

11　在留外国人は、中長期滞在者に特別永住者を加えたものである。

表1－1　在留資格別在留外国人数

（単位：人）

教　授	7,354	家族滞在	201,423
高度専門職	14,924	特定活動	65,187
経営・管理	27,249	永住者	793,164
教　育	13,331	日本人の配偶者等	145,254
技術・人文知識・国際業務	271,999	永住者の配偶者等	41,517
企業内転勤	18,193	定住者	204,787
技　能	41,692	特別永住者	312,501
技能実習	410,972	その他	17,799
留　学	345,791	合　計	2,933,137

資料：出入国在留管理庁「在留外国人統計」（2019年末時点）
（注）5,000人以上在留している在留資格を、統計表に示された順に表示。「高度専門職」は1号イ、1号ロ、1号ハ、2号の合計。「技能実習」は、1号、2号、3号（それぞれイ、ロ）の合計。

年10月時点）のデータを集計してみると、中小企業経営者70万3,277人のうち、約0.7％に当たる5,232人が海外出身という結果が得られた（表1－2）。2016年の総務省・経済産業省「経済センサス－活動調査」の結果を基に中小企業庁が算出した中小企業の数、すなわち中小企業経営者の人数は357万8,176人であることから、海外出身の中小企業経営者は全国で2万6,620人いると推測される[12]。同データベースには経営者の国籍に関する情報がないため、海外出身の日本人経営者もわずかながら含まれるものの、この数字は来日して中小企業を経営している外国人の概数を示しているとみてよかろう。

12　357万8,176人×0.744％＝2万6,620人。中小企業庁が算出した中小企業数のデータは、中小企業庁編（2020）による。

表１－２　外国人中小企業経営者数の推計

データ	全体（人）	外国人経営者（人）	割合（%）
(1)企業データベース	703,277(a)	5,232(b)	0.744 (c)＝(b)/(a)
(2)経済センサス	3,578,176(d)	26,620 (e)＝(d)×(c)	0.744(c)

資料：(1)は(株)東京商工リサーチ「企業データベース」(2020年10月)、(2)は総務省・経済産業省「経済センサス－活動調査」(2016年) の中小企業庁による再編加工。

(注) 1　非農林業漁業（公務除く）。

2　(1)の全体は従業者数299人以下の企業数、(2)の全体は中小企業基本法における中小企業の数を基にしている。

3　(1)の外国人経営者は、従業者数299人以下の企業における海外出身経営者の数値。わずかと思われるが、日本人も含まれる。

3　アンケートの概要

(1) 調査方法

当研究所では「活躍する外国人経営者に関するアンケート」(以下、たんに「アンケート」という）を2020年10月に実施した（アンケート実施要領参照)。調査票は、前述の㈱東京商工リサーチ「TSR 企業情報ファイル」から抽出した、全国の海外出身経営者が経営する中小企業7,042件に発送した[13]。同データベースには、経営者の国籍は収録されていないため、アンケートの冒頭で日本国籍をもっているかどうかを確認し、もっていない外国籍の経営者にのみ

13　サンプルサイズを確保するためデータの更新時期がやや古い中小企業も抽出したことから、発送件数は表１－２で示した外国人経営者の数5,232人よりも多くなっている。

「活躍する外国人経営者に関するアンケート」実施要領

(1) 調査時点	2020年10月
(2) 調査方法	郵送によるアンケート（回収は郵送およびインターネット）
(3) 調査対象	全国の海外出身で日本国籍をもたない外国籍の中小企業経営者（従業者数299人以下の企業。「農林漁業」「不動産賃貸業」「発電業」「金融業」を除く） ※㈱東京商工リサーチ「TSR 企業情報ファイル」（2020年10月時点）から抽出した、経営者の出身地が海外である中小企業7,042件にアンケートを発送し、海外出身かつ日本国籍をもたない経営者から回答を得た。
(4) 有効回答数	619人
(5) その他	アンケート票は日本語に英語を併記した。

回答を依頼している[14]。こうしたことから、日本出身の外国籍の経営者、もともと外国籍だったが現在は日本国籍を取得している経営者、日本国籍をもつ二重国籍者は、回答者から除かれている。外国人経営者が対象であることから、調査票と依頼文にはなるべく平易な日本語を使用するとともに、漢字にはルビを振った。また、すべてに英文を併記した。さらに、回答率の向上のため、アンケートの回収は郵送に加え専用のウェブサイトからも可能にした。最終的な有効回答数は619人であった[15]。

(2) 経営する企業の概要

ここからは、アンケートから判明した外国人経営者の実態を紹介していく。最初に、経営する企業の概要をみてみよう。まず、経営

14　事前にいくつかのデータベースを調べたが、経営者の国籍が収録されたものは見つけられなかった。また、インターネット調査会社にも複数アプローチしたが、十分な数の外国人経営者からの回答を確保できるだけの登録モニターをもっているところはなかった。前述の江（2018）も、同様の問題を指摘しており、次善の策として人脈を通じたアンケートを実施している。

15　海外出身の日本人経営者にも発送されているため厳密には有効回答率とはいえないが、発送数に対する回答率は8.8％であった。

表1－3　業　種

（単位：％）
（n=619）

建設業	3.1	飲食店	4.8
製造業	10.7	娯楽業	0.5
情報通信業 （ソフトウエア・情報処理サービスなど）	13.7	医療、福祉	0.8
運輸業 （倉庫業を含む）	2.9	教育、学習支援業	1.5
卸売業	39.3	専門・技術サービス業 （税理士・建築設計・機械設計など）	5.3
小売業	11.1	生活関連サービス業 （理容業・美容業・クリーニングなど）	3.1
不動産業	0.6	その他のサービス業 （自動車整備・機械等修理など）	1.6
宿泊業	1.0		

資料：日本政策金融公庫総合研究所「活躍する外国人経営者に関するアンケート」（以下同じ）
（注）1　nはアンケート回答者数（以下同じ）。
2　構成比は小数第２位で四捨五入して表示しているため、合計が100％にならない場合がある（以下同じ）。

者本人を含む従業者数は、「４人以下」が36.3％、「５～９人」が25.8％、「10～19人」が16.3％、「20～49人」が15.0％、「50～299人」が6.5％で、平均は15.0人であった。

業種は幅広く分布しているが、そのなかでも「卸売業」が39.3％と非常に高い割合となった（表１－３）。前述の2016年の経済センサスから中小企業庁が算出したデータでは、中小企業に占める卸売業の割合は5.8％であり、外国人経営者の卸売業への集中が際立っている[16]。これは、輸出入にかかわるビジネスを行っているケースが多いためである。

所在地は、「関東」が64.1％、「近畿」が13.1％、「東海」が6.6％

16　中小企業庁が算出したデータは、中小企業庁編（2020）による。

などとなっており、大都市圏のウエートが高い。そのほか、「九州・沖縄」(5.2％)、「中国」(2.9％)、「東北」(2.3％)、「信越」(1.9％)、「北陸」(1.6％)、「北海道」(1.5％)、「四国」(0.8％）の順となっている。都道府県別では、「東京都」が45.2％を占めており、「大阪府」(9.2％)、「神奈川県」(5.7％)、「千葉県」(5.0％)、「愛知県」(3.4％)、「福岡県」(3.1％)、「兵庫県」(2.6％）と続く。地域の分布は、前述した出入国在留管理庁「出入国管理統計」における「経営・管理」の在留資格者のデータとおおむね整合している。

(3) 出身国・年齢・性別

次に経営者の属性を確認する。まず出身国・地域（以下、たんに「出身国」という）についてみてみよう。アンケートでは、出身国を、「生まれた国、または育った国で、自分がそこから来たと思うところ」と定義した。なお、国籍は尋ねていないため、厳密には出身国は国籍のある国とは一致しない。回答者の出身国は「中国（香港を除く)」が44.7％と半数近くを占めた（表１－４)。「韓国・北朝鮮」の19.7％、「台湾」の6.9％がそれに続き、「アジア」が全体の84.7％を占めている。このほか、それぞれの回答割合は低いものの、「ヨーロッパ」(8.1％)、「北米」(3.9％)、「中南米」(2.6％)、「オセアニア」(0.8％）など、世界中のさまざまな国から経営者が来日していることも確認できた[17]。出身国の分布は、前述の「経営・管理」の在留資格保持者のデータとおおむね整合しているようだ。なお、以下本章で出身国別に分析する際には、表１－４の記載にか

17 「アフリカ」は選択肢には含めたが、アンケートの回答者はいなかった。ただし、少ないながらもアフリカ出身の外国人経営者は日本に在留している。第２章の事例８（p.123）では、そのなかからナイジェリア出身の経営者を紹介する。

表1－4　出身国・地域

（単位：%）
（n=619）

アジア		84.7	ヨーロッパ		8.1
	中国（香港を除く）	44.7		フランス	1.8
	韓国・北朝鮮	19.7		英　国	1.5
	台　湾	6.9		ドイツ	1.3
	インド	3.4		ロシア	0.5
	香　港	0.8		その他のヨーロッパ	3.1
	ベトナム	0.6	北　米		3.9
	ネパール	0.6		米　国	3.6
	タ　イ	0.5		カナダ	0.3
	フィリピン	0.5	中南米		2.6
	ミャンマー	0.3		ブラジル	1.9
	シンガポール	0.2		その他の中南米・カリブ	0.6
	中　東	1.0	オセアニア		0.8
	その他のアジア	5.3		オーストラリア	0.6
				ニュージーランド	0.2

（注）1　出身国・地域は、「生まれた国、または育った国で、自分がそこから来たと思うところ」と定義した。
2　「中央アジア」「メキシコ」「ペルー」「その他のオセアニア」「アフリカ」の選択肢には回答がなかった。
3　「ロシア」はヨーロッパに含めた。

かわらず、「中国」（n＝282)、「韓国・北朝鮮」（n＝122)、「台湾」（n＝43)、「インド」（n＝21)、「アジア諸国」（n＝56)、「ヨーロッパ」（n＝50)、「北米」（n＝24)、「中南米」（n＝16)、「オセアニア」（n＝５）の九つのカテゴリーを使用する[18]。

現在の年齢は、「30〜39歳」が15.2％、「40〜49歳」が24.7％、

18　「中国」は「中国（香港を除く）」「香港」の合計、「アジア諸国」は「アジア」から「中国」「韓国・北朝鮮」「台湾」「インド」を除いたもの。「オセアニア」のサンプルサイズが特に小さいことに注意する必要がある。なお、質問によっては無回答があることから、n はそれぞれ減少する可能性があるが、煩雑になるため、図表の掲載がない出身国別データについては、原則として個別の n は示さない。

図１－２　現在の年齢

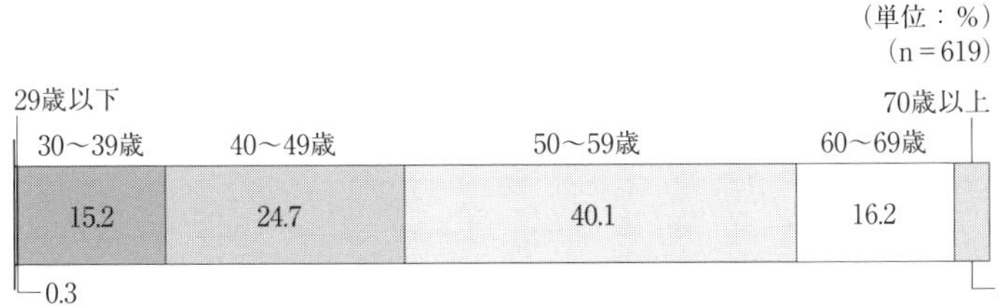

（注）現在の年齢は、2020－「生まれた年」で計算した。厳密には2020年末時点の年齢である。

「50～59歳」が40.1％、「60～69歳」が16.2％などとなっており、平均は51.2歳であった（図１－２）。前述の㈱東京商工リサーチ「TSR企業情報ファイル」の日本の中小企業経営者の平均年齢は62.6歳であることから、相対的に若い層の経営者の割合が高いということがわかる[19]。平均年齢を出身国別にみると、「台湾」が55.6歳、「韓国・北朝鮮」が55.3歳、「北米」が54.9歳、「インド」が54.0歳などとなっており、すべて国で日本の平均を下回っている[20]。

性別は「男性」が82.6％、「女性」が17.4％であった。データベース全体では、「男性」が93.8％、「女性」が6.2％であり、外国人経営者のほうが女性の割合が高いものの、大半が男性であるということは共通している。日本人と同様、事業経営の分野への女性の進出が必ずしも進んではいないことがわかる。また、出身国別に女性経営者の割合をみると、「台湾」（25.6％）、「アジア諸国」（21.4％）、「中国」（22.0％）、「オセアニア」（20.0％）、「韓国・北朝鮮」（13.1％）、「ヨーロッパ」（6.0％）、「北米」（8.3％）、「インド」

19　出身国を問わず集計したデータである。
20　このほか、「オセアニア」（51.2歳）、「ヨーロッパ」（51.2歳）、「アジア諸国」（49.6歳）、「中国」（48.9歳）、「中南米」（46.7歳）となっている。

図１－３　来日時の年齢

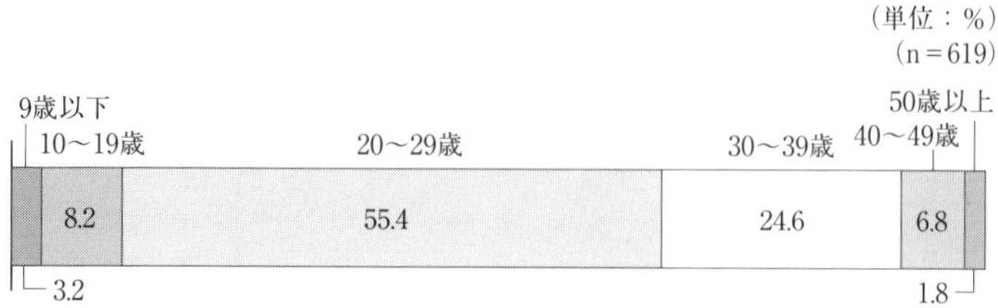

（注）来日時の年齢は、「来日年」－「生まれた年」で計算した。

（4.8%）、「中南米」（0.0%）となっており、必ずしも欧米諸国の出身者で割合が高いわけではないようだ。

4　来日の経緯

（1）来日の時期と年齢

外国人経営者は、どのようにして日本にやって来たのだろうか。まず、日本に住むようになった最初の年を尋ねたところ、「1979年以前」が4.5%、「1980～1989年」が18.7%、「1990～1999年」が39.6%、「2000～2009年」が27.3%、「2010年以降」が9.9%となった。1990年以降の来日が８割近くに達している。

来日時の年齢は、「９歳以下」が3.2%、「10～19歳」が8.2%、「20～29歳」が55.4%、「30～39歳」が24.6%、「40～49歳」が6.8%、「50歳以上」が1.8%となった（図１－３）。20歳代と30歳代を合わせると全体の８割を占め、平均は27.2歳であった。出身国別では、「中南米」だけが20.3歳と特に低い。これは「９歳以下」が6.3%、「10～19歳」が43.8%と、子どもの頃に来日している割

図1－4　来日理由（来日時の年齢別）

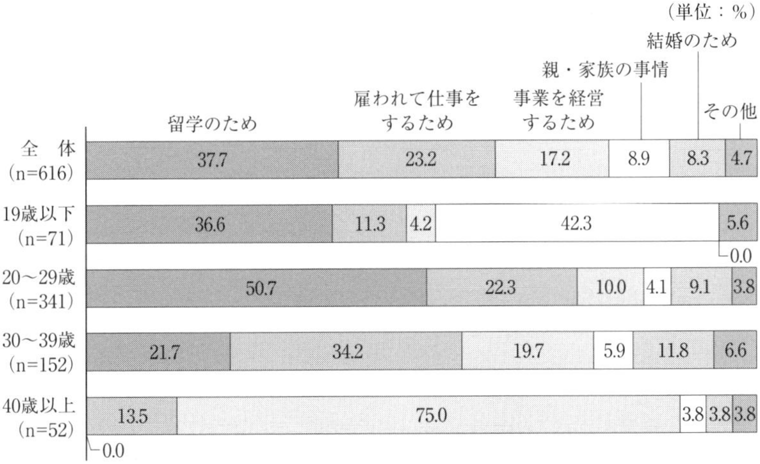

合が高いためである。そのほかは、「アジア諸国」の26.5歳から、「オセアニア」の29.4歳まで、ほぼ平均に近い値となった[21]。

(2) 来日の理由

日本に住むようになった理由を尋ねたところ、「留学のため」が37.7％と最も割合が高く、「雇われて仕事をするため」が23.2％、「事業を経営するため」が17.2％、「親・家族の事情」が8.9％、「結婚のため」が8.3％と続く（図1－4）。もともと事業を行うことを目的に来日する人は少数派のようだ。

来日した時の年齢別にみると、さらに特徴がみえてくる。「19歳以下」では「親・家族の事情」が42.3％と最も割合が高く、「留学のため」が36.6％でそれに続く。これが「20～29歳」になると「留

21　このほか、「北米」（27.1歳）、「中国」（27.4歳）、「韓国・北朝鮮」（27.5歳）、「インド」（27.5歳）、「台湾」（27.6歳）、「ヨーロッパ」（28.1歳）となっている。

図１－５　来日理由（出身国別）

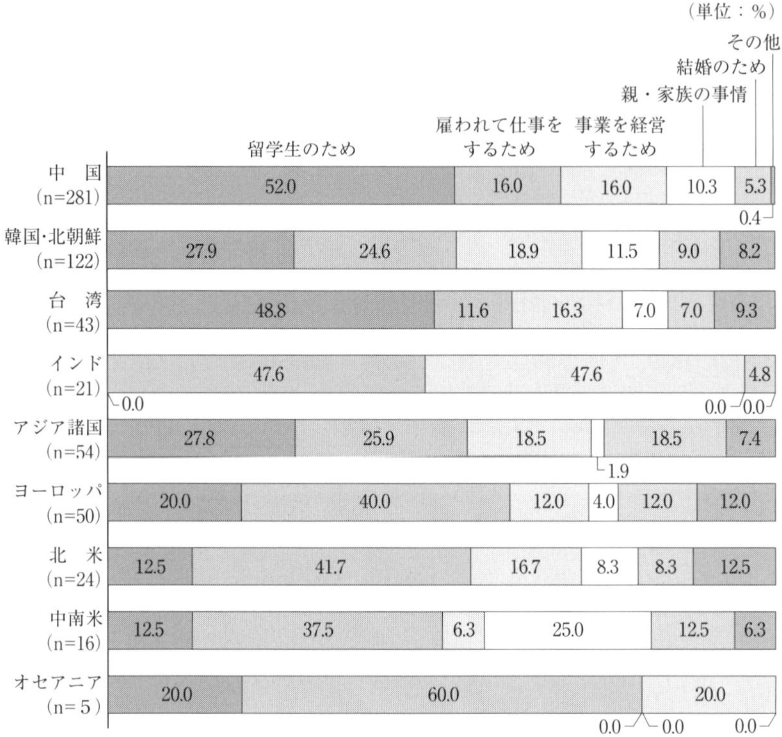

（注）「中国」は表１－４の「中国（香港を除く）」と「香港」の合計、「アジア諸国」は「アジア」から「中国」「韓国・北朝鮮」「台湾」「インド」を除いたもの（以下同じ）。

学のため」が50.7%、「雇われて仕事をするため」が22.3%となる。「30～39歳」でも「留学のため」は21.7%あるものの、「雇われて仕事をするため」が34.2%と割合を高め、「事業を経営するため」も19.7%みられるようになる。「40歳以上」になると「事業を経営するため」が75.0%を占めている。

さらに、来日理由を出身国別にみると、「留学のため」の割合は「中国」（52.0%）、「台湾」（48.8%）が特に高い（図１－５）。「韓国・北朝鮮」(27.9％)、「アジア諸国」(27.8％）でも来日理由の第１位となっている。一方、「インド」(0.0％)、「北米」(12.5％)、「中南米」(12.5％）では割合が低い。「雇われて仕事をするため」は、「オセアニア」(60.0％)、「インド」(47.6％)、「北米」(41.7％)、「ヨーロッパ」(40.0％)、「中南米」(37.5％）で高く、それぞれ第１位となっている。「事業を経営するため」は「インド」で47.6％と同率で第１位になったほか、「韓国・北朝鮮」で18.9％、「アジア諸国」で18.5％、などとなっており、アジア出身者のほうが、欧米出身者よりも高くなる傾向にある。「親・家族の事情」は「中南米」の25.0％が目立つ。「結婚のため」は「オセアニア」の20.0％から、「中国」の5.3％まで幅があるものの、出身国にかかわらず一定割合存在していることがわかる。

なお、中南米出身者のうち約３分の２に当たる68.8％が日系人であると回答していることから、就労のための在留資格を得て日本に働きにやって来たり、親が日本に働きに来た際に一緒に来日したりしているケースが多いと推測される。前述のとおり、来日時の年齢が低いのも、そのためであろう。

(3) 最終学歴・会話レベル

留学のために来日した経営者が多いということは、経営者の学歴は高そうだ。最終学歴をみてみると、「大学・短期大学」が56.0％、「大学院」が29.5％で、大学・短期大学以上が85.5％を占める（図１－６）。当研究所が、開業前または開業後１年以内に日本政策金融公庫が融資した企業を調査した「2020年度新規開業実態調査」（以下、「新規開業調査」という）では、新規開業者の最終学歴は

図１－６　最終学歴

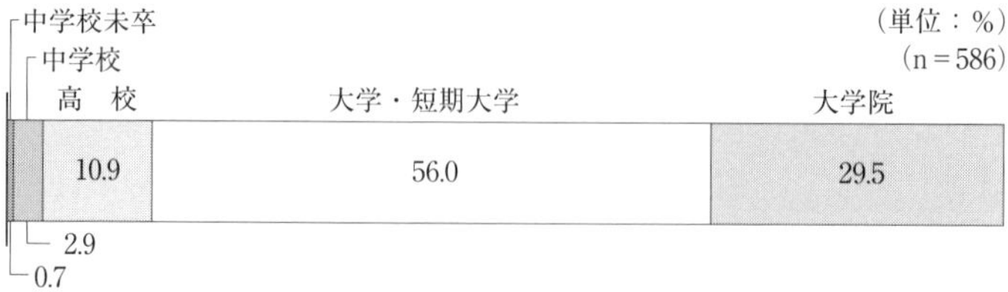

「大学・短期大学」が38.6％、「大学院」が4.5％で、合計43.1％であり、予想どおり、海外出身経営者の学歴はかなり高いといえる。なお、最終学歴の学校の所在地を「日本」と回答した割合は、「大学・短期大学」で32.0％、「大学院」で59.0％を占めている。

出身国別に大学・短期大学以上の割合をみると、「オセアニア」（100.0％）、「ヨーロッパ」（92.0％）、「中国」（91.3％）、「台湾」（88.4％）、「北米」（87.5％）、「韓国・北朝鮮」（84.3％）などとなっており、欧米や東アジアの国々で高い割合となっている。一方、「インド」（76.2％）、「中南米」（60.0％）、「アジア諸国」（58.0％）は、ほかの国々より低い。ただ、それでも、新規開業調査と比べればかなり割合が高い。また、それぞれの出身国の状況を考えれば、日本にやって来た外国人経営者には高学歴層が多いといってよいだろう。

ここで、日本語の会話レベルを尋ねたところ、「ネイティブ」が9.4％、「流暢」が53.6％、「ビジネス」が21.6％となった（図１－７）。日本の大学や大学院を卒業している人も少なくないこと、前述したように来日後10年以上経過している人が約９割を占めることなどから、日常の仕事には不自由しない人がほとんどのようだ。アンケートと併行して実施したヒアリングでも、多くの外国人経営者と

図１－７　現在の会話レベル

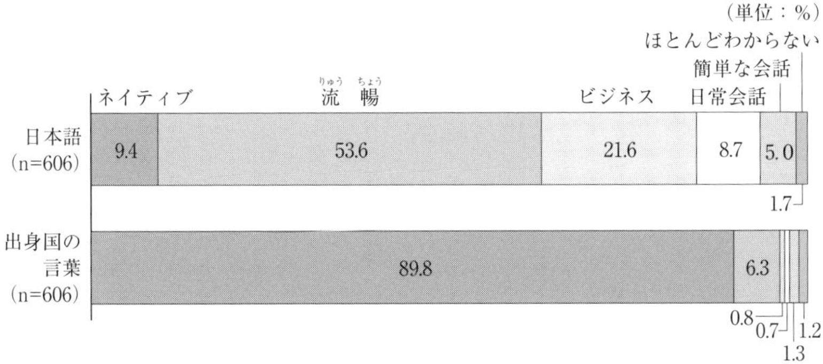

ほぼ不自由なく日本語で話すことができた。また、もちろん、出身国の言語の会話レベルも「ネイティブ」が89.8％、「流暢」が 6.3％と高い。このことは、特に出身国と日本をつなぐビジネスを行う際に、非常に有利に働くだろう。さらに、教育水準を考えれば、日本語と出身国の言葉に加え、英語など他の言語も話すことができる経営者が少なくないと推測される。実際、ヒアリングでも多くの経営者が英語を話すことができたほか、日本語と母国語以外に数カ国語を操る経営者もいた。

一方で、出身国の言葉の会話レベルについて「簡単な会話」との回答が1.3％、「ほとんどわからない」が1.2％あることも見逃せない。これは、幼少期に親に連れられて来日し、日本で育ったためであろうと推測される。この二つの選択肢を合計した割合を出身国別にみると、「中南米」が12.5％、「韓国・北朝鮮」が7.4％で全体の2.5％より高い割合となった[22]。

22　このほか、「台湾」が2.3％、「アジア諸国」が1.8％、「中国」が0.7％となっている。「インド」「ヨーロッパ」「北米」「オセアニア」は0.0％であった。

5　経営者になった時の状況

(1) 経営者になった経緯・年齢

第４節でみたとおり、そもそも事業を経営するために来日した経営者は少数派である。では、どのような経緯で事業を行うようになったのだろうか。まず、現在の事業を誰が始めたか尋ねたところ、「自分でスタート」が82.6％、「ほかの人から引き継ぎ」が17.4％となった。「自分でスタート」した割合を出身国別にみると、「オセアニア」が100.0％、「インド」が90.5％、「アジア諸国」が89.3％、「中国」が87.1％、「北米」が79.2％などとなっている[23]。

経営者になった年齢は、「29歳以下」が13.6％、「30～39歳」が44.2％、「40～49歳」が35.1％、「50～59歳」が6.0％、「60歳以上」が1.1％であった。平均は全体では38.1歳、自分でスタートした人は37.4歳、ほかの人から引き継いだ人は41.6歳となった。新規開業調査によると開業時の平均年齢は43.7歳、㈱東京商工リサーチ「平成28 年度中小企業・小規模事業者の事業承継に関する調査」（中小企業庁委託）（2017年）によると、現経営者が事業を引き継いだ年齢は、中規模企業で48.2歳、小規模事業者で42.3歳であり、外国人経営者は、比較的若くして経営者になる傾向にあるようだ。

なお、出身国別に経営者になった年齢をみると、「インド」（35.2歳）、「北米」（36.1歳）、「中南米」（36.9歳）などはやや低く、「台湾」（40.6歳）、「韓国・北朝鮮」（39.8歳）、「オセアニア」（39.2歳）

23　このほか、「韓国・北朝鮮」（78.5％）、「中南米」（75.0％）、「台湾」（74.4％）、「ヨーロッパ」（66.0％）となっている。

はやや高かった[24]。

(2) 経営者になるまでの状況

来日してから経営者になるまでの期間は、「０年以下（来日前に経営者になっていた場合を含む)」が8.8%、「１～４年」が13.8%、「５～９年」が25.6％、「10～14年」が23.4％、「15～19年」が14.3%、「20年以上」が14.1%となり、平均は10.9年であった。

来日直後に経営者になった、あるいは来日前から事業を経営していた人はそれほど多くなく、来日してから一定期間経過したあとに経営者になる人が多いことがわかる。前述のとおり、事業を経営するために来日した人は２割に満たない。海外からの留学生や日本で働く外国人は、近年、ほぼ一貫して増加し続けている。在留資格が「留学」の在留外国人は、2000年には７万6,980人だったものが、2010年には20万1,511人、2019年には34万5,791人に達した。「技術・人文知識・国際業務」の在留資格者も同様に、５万1,270人、11万5,059人、27万1,999人、と増えている[25]。このように、日本で長期間暮らす外国人が増えてきたことが、外国人経営者が増加する大きな要因といえそうだ。ヒアリングでも、就業のために来日した人や、留学後に日本で働いていた人が、長く日本に滞在するうちに事業を始めることを考えるようになったケースが多かった。

なお、出身国別に来日から事業を経営するようになるまでの期間をみてみると、「中南米」が16.6年と飛び抜けて長い。これは、ここまでみてきたように幼少期に来日した人が多いことによるもので

24　このほか、「アジア諸国」(37.4歳)、「中国」(37.6歳)、「ヨーロッパ」(37.8歳)となっている。
25　2000年と2010年は、「技術」「人文知識・国際業務」の合計。

図１－８　経営者になる直前の職業

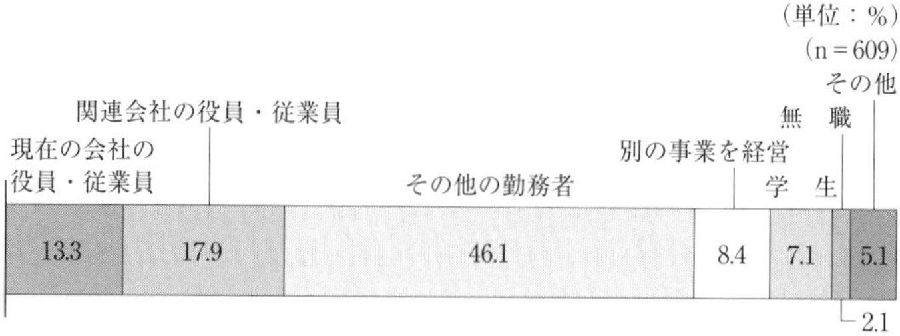

あろう。逆にそもそも事業を行うために来日した人の割合が高い「インド」は、7.7年と全体よりも短かった[26]。

経営者になる直前の職業は、「現在の会社の役員・従業員」が13.3％、「関連会社の役員・従業員」が17.9％、「その他の勤務者」が46.1％と、会社などに勤めていた人が全体の77.3％を占める（図１－８）。出身国別では、「オセアニア」（100.0％）、「中南米」（86.7％）、「ヨーロッパ」（82.0％）、「韓国・北朝鮮」（81.8％）、「インド」（81.0％）が全体の77.3％を上回っている[27]。そのほか、「別の事業を経営」との回答が8.4％、「学生」との回答が7.1％みられた。新規開業調査では、新規開業者の約９割が経営者になる直前に役員や従業員として働いており、全体の傾向は類似している。ただ、同調査では「学生」は0.3％にとどまった。学生から直接経営者になる割合が相対的に高いことは、外国人経営者の特徴の一つといえるかもしれない。「学生」の割合が特に高かったのは、「北米」

26　このほか、「北米」（9.0年）、「ヨーロッパ」（9.7年）、「オセアニア」（9.8年）、「アジア諸国」（10.8年）、「中国」（10.3年）、「韓国・北朝鮮」（12.4年）、「台湾」（13.0年）となっている。

27　このほか、「中国」（75.9％）、「台湾」（73.8％）、「アジア諸国」（73.6％）、「北米」（62.5％）となっている。

図1－9　日本で事業をスタートした理由（複数回答）

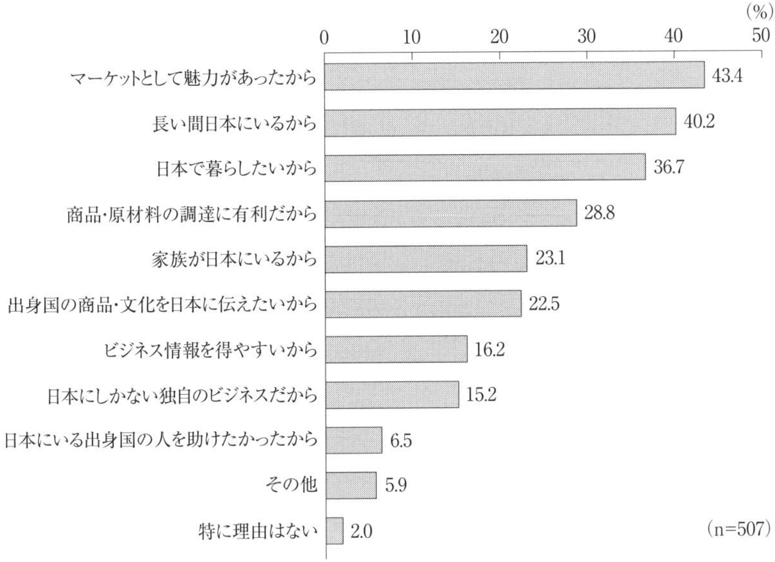

（注）事業を「自分でスタート」したと回答した人に尋ねたものである。

（12.5％）、「台湾」（9.5％）、「中国」（9.4％）であった[28]。

(3) 自分で事業を始めた人の状況

ここで、自分で事業を始めた人に対して、日本で事業をスタートした理由を尋ねると、「マーケットとして魅力があったから」（43.4％）、「商品・原材料の調達に有利だから」（28.8％）、「ビジネスの情報を得やすいから」（16.2％）と、ビジネスを行う際の日本の優位性を挙げる人がいる（図1－9）。一方で、「長い間日本にいるから」（40.2％）、「日本で暮らしたいから」（36.7％）、「家族が日本にいるから」（23.1％）と、生活面での理由を回答している

28　このほか、「アジア諸国」（7.5％）、「韓国・北朝鮮」（4.1％）、「ヨーロッパ」（2.0％）となっている。「インド」「中南米」「オセアニア」は0.0％であった。

図１－10　開業資金の調達先（複数回答）

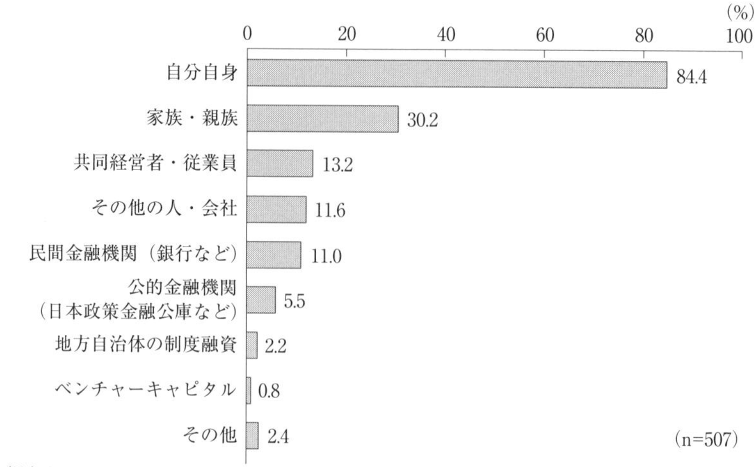

（注）図１－９に同じ。

人も少なくない。このほか、「出身国の商品・文化を日本に伝えたいから」が22.5％、「日本にしかない独自のビジネスだから」が15.2％、「日本にいる出身国の人を助けたかったから」が6.5％と、日本で開業した理由はさまざまである。

開業資金の調達先は、「自分自身」の84.4％のほか、「家族・親族」が30.2％、「共同経営者・従業員」が13.2％、「その他の人・会社」が11.6％となった（図１－10）。金融機関の利用率は、「民間金融機関」（11.0％）、「公的金融機関」（5.5％）、「地方自治体の制度融資」（2.2％）と低い。当研究所「2020年度起業と起業意識に関する調査」（以下、「起業調査」という）で、2016年から2020年に開業した起業家（事業に週35時間以上充てている人）の資金調達先をみると、「自己資金（預貯金、退職金など）」が90.2％、「家族や親戚からの借入・出資」が8.7％、「自社の役員・従業員からの借入・出資」が1.4%、「友人・知人からの借入・出資」が3.0%などとなっており、外国人経営者のほうが周囲との人的ネットワークを通じた資金調達が多い傾向にある。

ここで、出身国別に「家族・親族」からの資金調達の比率をみると、「北米」が47.4%と最も高い割合となった。それに続く、「台湾」(34.4%)、「中国」(34.2%)、「アジア諸国」(30.0%)、「インド」(26.3%)、「韓国・北朝鮮」(25.5%)といったアジアの国々も、起業調査の数字をかなり上回っている[29]。

一方、起業調査での金融機関利用率は、「民間金融機関（地方自治体の制度融資を含む）からの借入」が5.0%、「日本政策金融公庫・沖縄振興開発金融公庫からの借入」が9.7%で、外国人経営者の金融機関利用率が特に低いわけではないようだ。ただ、ヒアリングでは、創業当初は金融機関からの融資を得ることが難しかったと語る経営者もいた。

(4) 事業を引き継いだ人の引き継ぎ理由

次に、事業をほかの人から引き継いだ人の、経営を引き継いだ理由をみてみると、「前経営者の指名」が41.1%、「株主の依頼」が28.0%、「M&Aによる経営権取得」が7.5%、「公募に応募」が4.7%、「前経営者の家族の依頼」が2.8%、「その他」が15.9%であった（図1－11)。

前経営者との関係は、「親」(6.5%)、「配偶者の親」(8.4%)、「その他の親族」(9.3%）を合わせた親族が24.3%で、「親族以外」

29　このほか、「オセアニア」(20.0%)、「中南米」(16.7%)、「ヨーロッパ」(9.1%）と、すべて起業調査より高い割合となった。

図1－11　経営を引き継いだ理由

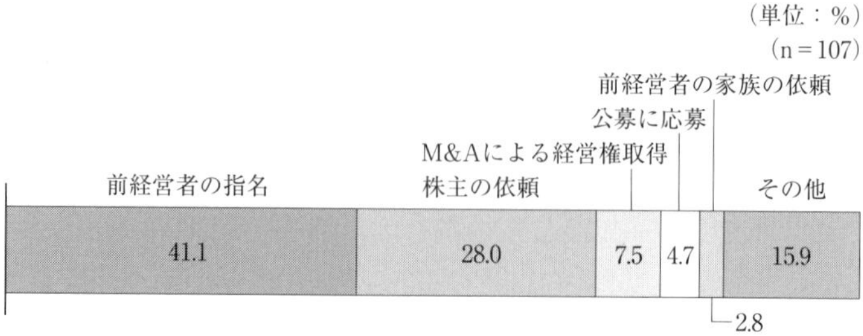

（注）事業を「ほかの人から引き継ぎ」したと回答した人に尋ねたものである。

が75.7％と多数派である。ちなみに、前の経営者の出身国は、「日本」が49.5％、「現経営者の出身国」が42.1％、「その他の海外」が8.4％であった。

6　経営する事業の特性

(1) 商品の特性

続いて、事業の特性についてみてみよう。まず、提供している商品・サービスについて、日本独特のものかどうか尋ねたところ、「とても独特」が18.2％、「やや独特」が35.2％、「独特ではない」が46.6％となった（図1－12)。同じく出身国独特のものかどうかについては、「とても独特」が12.7％、「やや独特」が33.7％、「独特ではない」が53.6％との回答だった。ヒアリングからは、日本独特の商品・サービスを提供するビジネスとして、日本の伝統的な製法の包丁や和風の弁当箱といった日本ならではの商品の小売りや輸出、マンガを利用した英語教材のような日本文化と関連するコン

図1－12　商品の特性

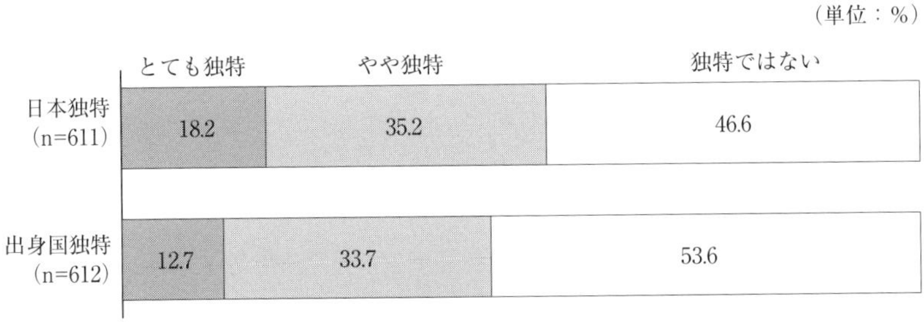

テンツの提供、日本メーカーの二輪車の輸出といった日本企業が得意とする機械製品の取り扱いなどがみられた。出身国独特のものの例としては、出身国の食材の小売店などが挙げられる。アンケートの自由記述欄では、出身国料理のレストランも目立った。商品・サービスが出身国独特のものかどうかについて、出身国別に「とても独特」「やや独特」の合計を比べてみると、「インド」が66.7％と、全体の46.4％と比べてもかなり高い割合となった[30]。そのほかは、出身国による大きな傾向の違いは確認できなかった[31]。

提供する商品・サービスについてライバルと比べて優れているものを尋ねたところ、「品質の良さ」が44.4％と最も回答割合が高く、「対応の速さ」が21.2％、「価格の安さ」が17.4％で、それに続く。

次に、販売先についてみてみると、売上高全体のうち、日本人・日本の会社に対するものが占める割合は、「100％」が32.6％となった（図1－13）。これに「80～99％」(27.1％)、「50～79％」(12.7％)

30　「インド」の業種分布をみると、「卸売業」が42.9％、「小売業」が23.8％、「飲食店」が9.5％となっている。

31　このほか、「ヨーロッパ」(52.0％)、「中国」(46.3％)、「北米」(45.8％)、「韓国・北朝鮮」(44.5％)、「台湾」(44.2％)、「中南米」(43.8％)、「アジア諸国」(41.5％)「オセアニア」(40.0％) となっている。

図1－13　売上高に占める割合

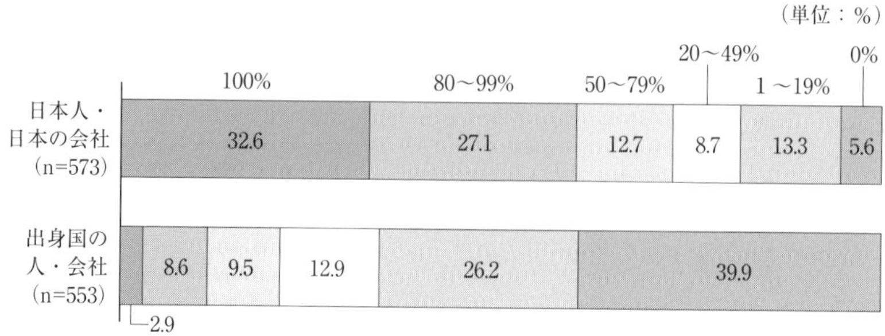

を加えると7割を超えており、「0％」は5.6％にとどまっている。一方、出身国の人・会社に対するものが売上高に占める割合は、「100％」が2.9％、「80～99％」が8.6％、「50～79％」が9.5％、「20～49％」が12.9％、「1～19％」が26.2％となった。出身国の人・会社に対する売り上げが全くない「0％」とする回答も、39.9％みられた。全体としては、日本人や日本の企業を主な取引先とするところが多い一方で、一部には出身国の人や会社への販売にウエートを置く企業があることがわかる。

(2) 出身国・出身国人とのつながり

続いて、出身国とのビジネス上のつながりについて尋ねたところ、「非常に強い」が37.2％、「強い」が33.0％、「弱い」が16.3％で、「全くない」は13.5％にとどまる（図1－14）。出身国の出身者との日本国内でのつながりも、「非常に強い」が21.4％、「強い」が35.2％、「弱い」が26.6％で、「全くない」は16.8％であった。

これらを出身国別にみると、特徴が浮かび上がってくる。出身国とのビジネス上のつながりについては、「台湾」が「非常に強い」

図1－14　ビジネス上のつながり

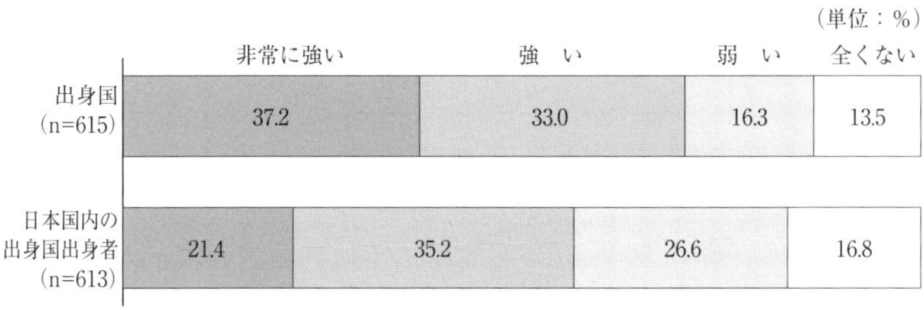

図1－15　出身国とのビジネス上のつながり（出身国別）

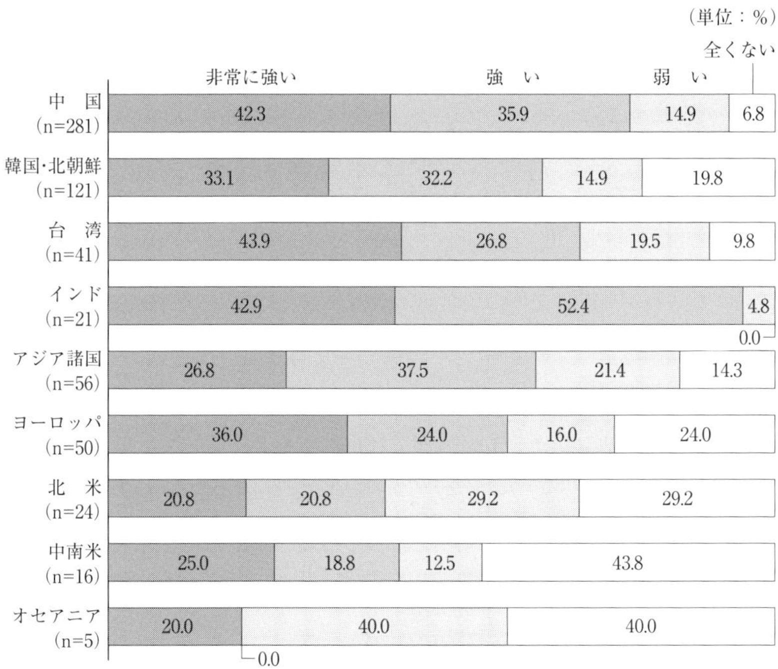

が43.9%、「強い」が26.8%、「インド」がそれぞれ42.9%、52.4%、「中国」が42.3%、35.9%などとなっており、アジアにおいて出身国とのビジネス上のつながりが強い傾向にある（図1－15）。これに対

図１－16　日本にいる出身国の人とのビジネス上のつながり（出身国別）

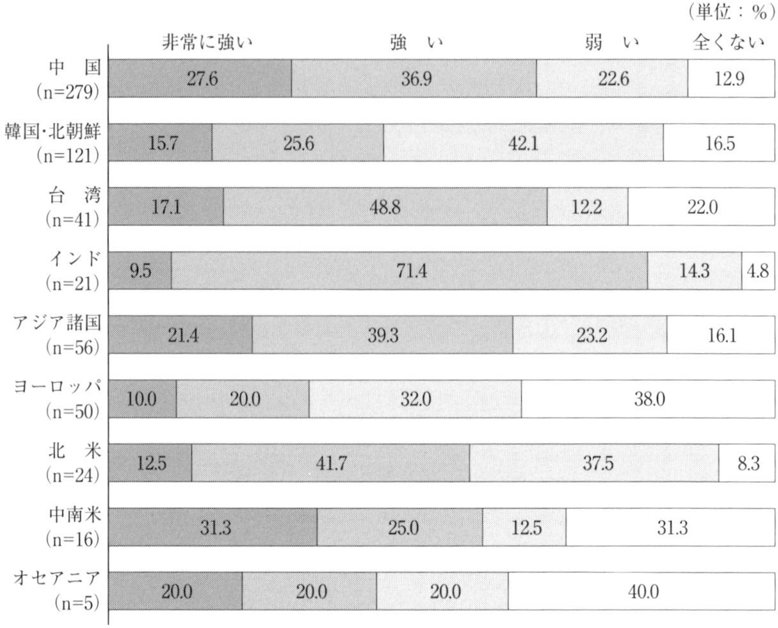

し、「オセアニア」「北米」「中南米」では、「非常に強い」がそれぞれ20.0％、20.8％、25.0％にとどまるのに対し、「全くない」が40.0％、29.2％、43.8％と、他の国よりも高い割合となった。この理由は明確ではないが、インドについては出身国独特の商品を取り扱っている割合が高いこと、東アジアについては日本に地理的に近いことが影響しているのかもしれない。

続いて、日本国内の出身国出身者とのビジネス上のつながりをみると、「非常に強い」の割合は「中南米」が31.3％と最も高く、「中国」が27.6％、「アジア諸国」が21.4％で、これに続く（図１－16）。これに対し、「インド」は9.5％、「ヨーロッパ」は10.0％と低い割合となった。

図1－17　出身国との具体的な関係（複数回答）

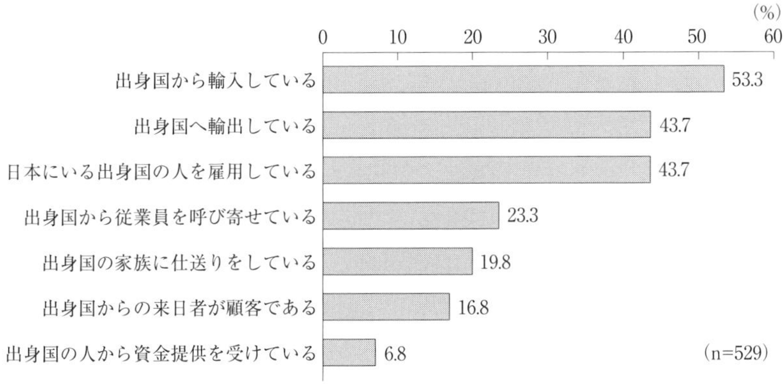

出身国との具体的な関係をみると、「出身国から輸入している」が53.3％、「出身国へ輸出している」が43.7％と、多くの企業が出身国と商品のやりとりをしていることがわかる（図1－17）。全体の39.3％を占める卸売業はもちろん、それ以外の製造業や小売業といった業種でも、出身国との取引関係があるようだ。「日本にいる出身国の人を雇用している」(43.7％)、「出身国から従業員を呼び寄せている」(23.3％）と、出身国の人たちに日本での就業の場を提供しているケースもみられる。このほか、「出身国の家族に仕送りをしている」が19.8％、「出身国からの来日者が顧客である」が16.8％、「出身国の人から資金提供を受けている」が6.8％と、日本に居住しながらも出身国とさまざまなつながりをもっていることがわかる。

さらに、日本にある出身国人のコミュニティーから受けているサポートについて尋ねたところ、「特に支援はない」が47.0％と半数近くを占めた（図1－18)。一方、「顧客の紹介」(32.7％)、「仕入先の紹介」(25.1％)、「イベントの紹介」(11.8％)、「広告宣伝」

図1－18　出身国人のコミュニティーから受けているサポート（複数回答）

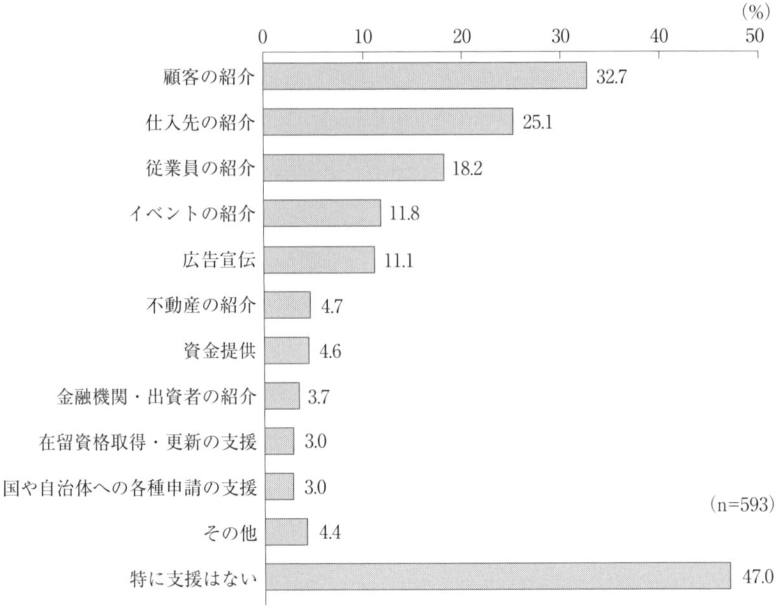

(11.1%) など、支援を受けている場合も少なくなく、顧客開拓や取引拡大に出身国のネットワークをうまく活用していることがわかる。このほかにも、「従業員の紹介」が18.2%、「不動産の紹介」が4.7%、「資金提供」が4.6%などの回答もあり、幅広いサポートが行われていることがみてとれる。ヒアリングでも、選択肢にみられるような支援を、出身国の人とのネットワークを通じて得ているケースが多数みられた。

(3) 海外出身であることのメリット

次に、海外出身であることと事業との関係についてみてみる。海外出身であることがビジネスで有利だと感じる点について、「有利

図1－19　ビジネスにおいて海外出身であることが有利だと感じる点（複数回答）

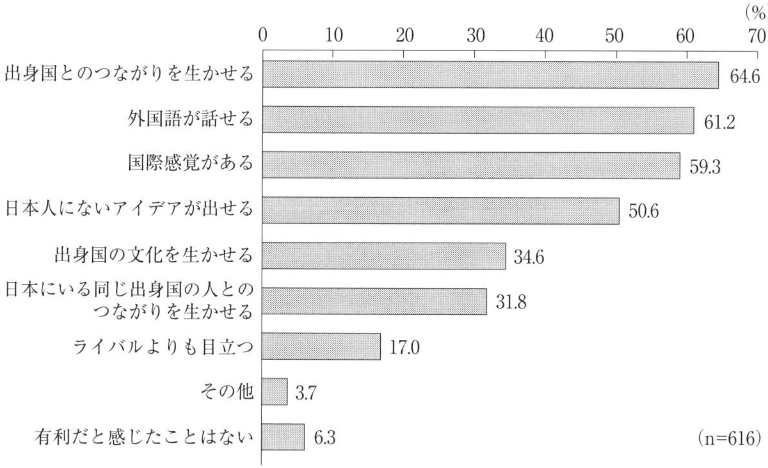

だと感じたことはない」との回答は6.3％にとどまり、ほとんどの経営者が何らかのメリットを感じていることがわかる（図1－19）。具体的には、「出身国とのつながりを生かせる」が64.6％と、最も回答割合が高く、「出身国の文化を生かせる」が34.6％となっている。「日本にいる同じ出身国の人とのつながりを生かせる」(31.8％）も含め、出身国とのネットワークを生かしていることがここでもわかる。「外国語が話せる」との回答も61.2％あった。こうした言語能力は特に海外との仕事を進めるうえで大きな武器となるだろう。「国際感覚がある」が59.3％、「日本人にないアイデアが出せる」が50.6％といった、日本人経営者とは異なる面をもっていることも、メリットと認識されている。

ここで、日本人の経営者と比べた場合の自己評価をみてみると、新しいビジネス分野への積極性については、「非常に高い」が34.4％、「やや高い」が50.2％と、合わせて８割以上が日本人経営

図1－20　日本人の経営者と比べた自己評価

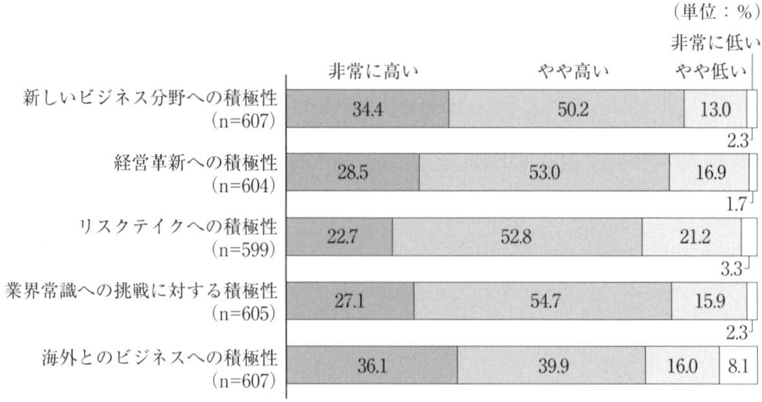

者より高いと回答している（図１－20）。以下、経営革新への積極性では、それぞれ28.5％、53.0％、リスクテイクへの積極性では22.7％、52.8％、業界常識への挑戦に対する積極性では27.1％、54.7％、海外とのビジネスへの積極性では36.1％、39.9％と、いずれも日本人経営者よりも高いと評価する回答が８割前後となった。もともと積極的な人が日本にやって来て、さらには経営者となっているということも考えられるが、全体的にビジネスに対する積極性が日本人経営者と比べて高いことは、彼らの特徴として大いに注目される。

(4) 海外出身であることのデメリット

一方、ビジネスで不利だと感じる点については、「不利だと感じたことはない」との回答は29.8％で、残りの約７割が何らかの点で海外出身であることが不利だと感じている（図１－21）。具体的な内容で最も回答割合が高かったのは、「日本語の細かいニュアン

図1－21　ビジネスにおいて海外出身であることが不利だと感じる点（複数回答）

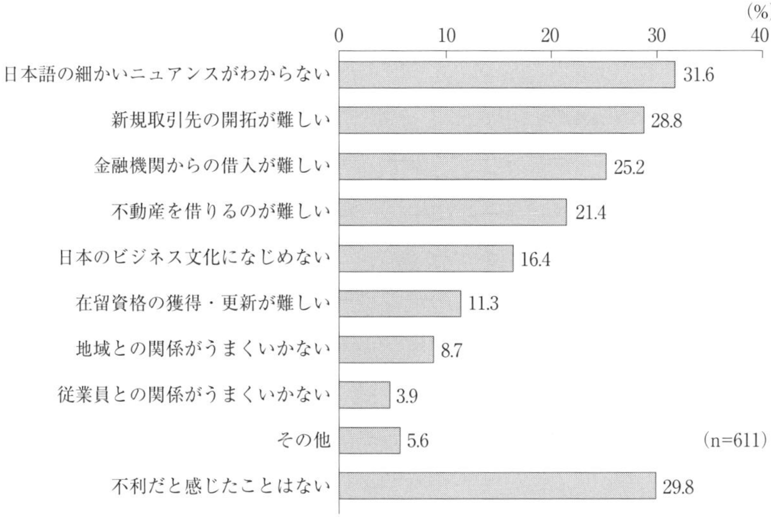

スがわからない」の31.6％であった。会話については多くの人がかなりの能力をもっている一方、事業を行う際には、不動産や金融関連の契約や役所への届け出などの場面で多くの日本語の書類を読んだり作成したりすることが求められる。そうした場面では、日本人にとっても難解な用語が使われているケースもあり、海外出身の経営者が苦労していることも容易にうなずける。ヒアリングでも日本語での書類作成に苦労したと話す経営者は多かったが、その際には、日本人である配偶者、日本人の友人や専門家、地域の商工会議所・商工会の経営指導員など、周囲のさまざまな日本人の支えによって、問題を解決しているようだ。このほかの不利な点としては、「新規取引先の開拓が難しい」が28.8％、「金融機関からの借入が難しい」が25.2％、「不動産を借りるのが難しい」が21.4％、「日本のビジネス文化になじめない」が16.4％、「在留資格の獲得・

図１－22　外国人経営者を増やす方策（複数回答）

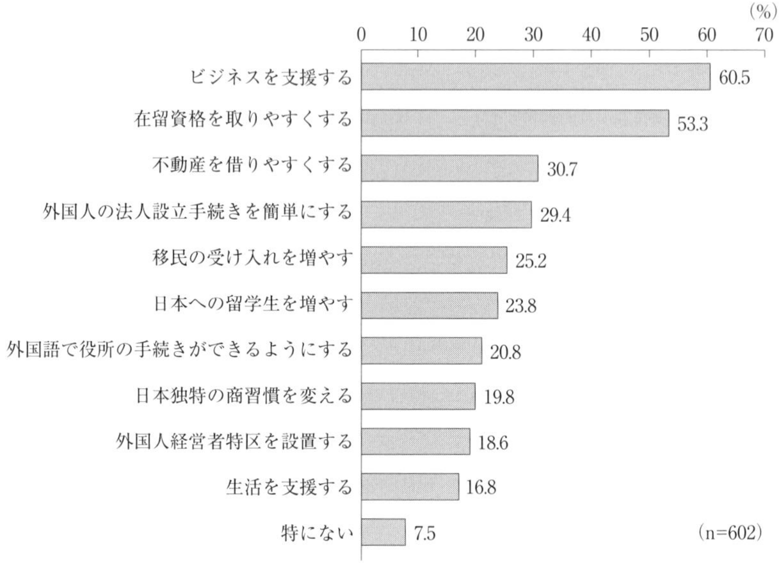

更新が難しい」が11.3％、「地域との関係がうまくいかない」が8.7％などとなった。

さらに、外国人経営者を増やすための方策について尋ねたところ、「ビジネスを支援する」（60.5％）のほか、「在留資格を取りやすくする」（53.3％）、「不動産を借りやすくする」（30.7％）、「外国人の法人設立手続きを簡単にする」（29.4％）などが挙がった（図１－22）。これらの結果は、回答者自身が苦労したことを示しているともいえる。それぞれの質問に対する回答は、あくまで経営者の主観であり、必ずしも外国人であることにより異なる扱いを受けることを示すものとはいえないだろう。ただ、もし情報提供や意思疎通の不足によってこうした事態が発生しているのであれば、何らかの対策を実施することも求められるかもしれない。

図1－23　前年と比べた売上高

（単位：％）

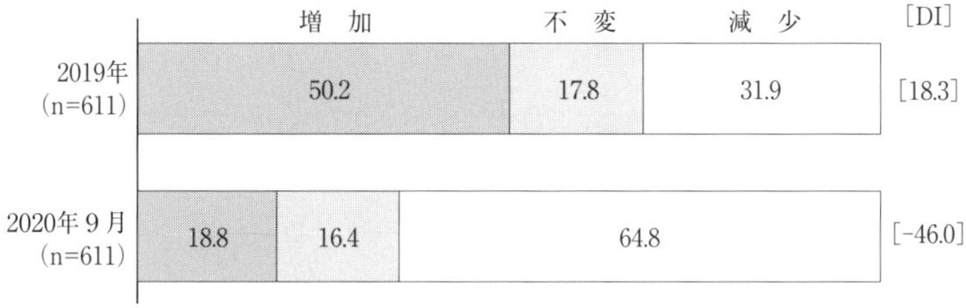

（注）1　2019年は2018年との比較、2020年9月は2019年9月との比較。
2　DIは「増加」－「減少」の値。

7　経営状況と将来展望

(1) コロナ禍の影響

外国人が経営している企業の経営の状況はどうだろうか。新型コロナウイルス感染症の問題が大きくなる前の2019年の状況をみてみよう。まず前年と比べた売上高は、「増加」している企業が50.2％、「不変」が17.8％、「減少」が31.9％であった（図1－23）。「増加」から「減少」を差し引いたDIを計算すると18.3となった。さらに、2019年の採算状況は、「黒字」が71.1％、「赤字」が28.9％で、DI（「黒字」－「赤字」）は42.2、総合的にみた業況は、「かなり良い」が7.5％、「やや良い」が60.2％、「やや悪い」が27.0％、「かなり悪い」が5.3％で、DI（「かなり良い」「やや良い」－「やや悪い」「かなり悪い」）は35.4となった。これらの数値は、当研究所が実施している「全国中小企業動向調査」でみた2019年10－12月期の小企業の売上DI（－27.6）、採算DI（－11.7）、業況判断DI（－29.2）と比べて、かなり良好である。

次に、コロナ禍に見舞われている2020年９月の売上高をみると、前年同月と比べて「減少」した企業が64.8％と３分の２近くに上っている。売上高が「増加」した企業（18.8％）、「不変」の企業（16.4％）もあったものの、売上DIは−46.0にまで落ち込んだ。ただ、同時期（2020年７－９月期）の小企業の売上DIは、−65.8とさらに低くなっている。新型コロナウイルスの影響については、「非常に悪い影響」が32.5％、「悪い影響」が48.5％、「影響なし」が15.6％、「良い影響」が3.4％となった。「非常に悪い影響」と「悪い影響」を合わせると、81.0％となり、多くの企業がマイナスの影響を受けていることがわかる。出身国別にみると、「北米」の75.0％から「インド」の90.5％まで若干の違いはあるものの、出身国にあまりかかわりなくコロナ禍の影響を大きく受けているようである[32]。

（2）経営者の満足度

このように、外国人経営者の経営する企業は、中小企業としては比較的好調な業績をあげているところが多いのだが、彼ら自身はこうした現状をどう評価しているのだろうか。いくつかの指標について現在の満足度をみてみよう。まず、収入については、「大いに満足」が11.6％、「やや満足」が39.2％で、過半数が満足していると回答している（図１－24）。「どちらともいえない」は29.5％で、「やや不満」は14.7％、「大いに不満」は5.1％にとどまっている。

続く仕事のやりがいでは、「大いに満足」が28.7％、「やや満足」

32　このほか、「アジア諸国」（89.1％）、「中南米」（81.3％）、「中国」（80.4％）、「韓国・北朝鮮」（80.3％）「オセアニア」（80.0％）、「ヨーロッパ」（80.0％）、「台湾」（76.7％）となっている。

図１－24　満足度

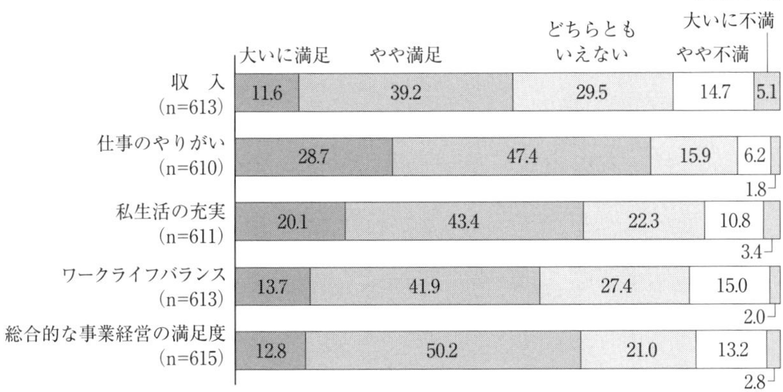

が47.4%、私生活の充実では「大いに満足」が20.1%、「やや満足」が43.4%、ワークライフバランスでは「大いに満足」が13.7%、「やや満足」が41.9%と、多くの経営者が仕事にやりがいをもちつつ、生活を楽しんでいることがうかがえる。

総合的な事業経営の満足度では、「大いに満足」が12.8%、「やや満足」が50.2%で合わせて６割を超えており、「どちらともいえない」は21.0%、「やや不満」は13.2%、「大いに不満」は2.8%と、不満をもつ人は少数派である。新型コロナウイルス感染症の影響を受けている2020年10月の調査としては良好な結果といえるだろう。

一方、仕事と生活の優先度については、「仕事が最優先」が29.1%、「どちらかといえば仕事が優先」が55.6%と、８割以上が仕事を優先すると回答している。「どちらかといえば生活が優先」(12.1%)、「生活が最優先」(3.1%) の割合は低い。この結果を評価するのは難しいものの、少なくとも外国人経営者は、生活よりも事業経営を重要視する傾向が強いといえそうだ。在留資格が「経営・管理」の場合、事業に失敗して廃業した時には、ビザの更新ができなくなる懸念が大きいことも、影響しているのかもしれない。

(3) 事業展開の方向

外国人経営者が経営する企業は、今後どうなっていくのだろうか。今後の事業の規模をどうしたいか尋ねたところ、「拡大」が66.0%、「不変」が26.8%、「縮小」が 7.2%との回答が得られた。

また、株式上場については、「すでに上場している」が1.2%、「上場準備中」が1.5%、「将来上場したい」が22.8%、「上場するつもりはない」が74.5%であった。みずほ情報総研㈱「平成28 年度中小企業・小規模事業者の人材確保・定着等に関する調査」(中小企業庁委託)(2017年)によれば、中小企業の今後の事業展開の方針は、「成長・拡大」が28.4%、「安定・維持」が59.4%、「縮小」が5.6%となっている[33]。また、新規開業調査では、将来の株式上場を「考えている」が13.5%、「考えていない」が86.5%であった。これらと比べてみると、外国人経営者は、相対的に事業の拡大志向が強いといえそうだ。

今後の事業の継続を考えた場合、長期的には後継者をどうするかという問題が出てくる。そこで後継者の決定状況をみてみると、後継者が決まっており、後継者本人も承諾している「決定企業」は全体の11.3%にとどまった(図1-25)。現時点では後継者が決まっていない「未定企業」は46.5%、自分の代で事業をやめるつもりの「廃業予定企業」が7.9%、まだ若いので今は決める必要がないと考えている「時期尚早企業」は34.2%みられた。

33 このほか、「廃業を検討」が3.3%、「無回答」が3.4%となっている。

図1－25　後継者の決定状況

（単位：%）

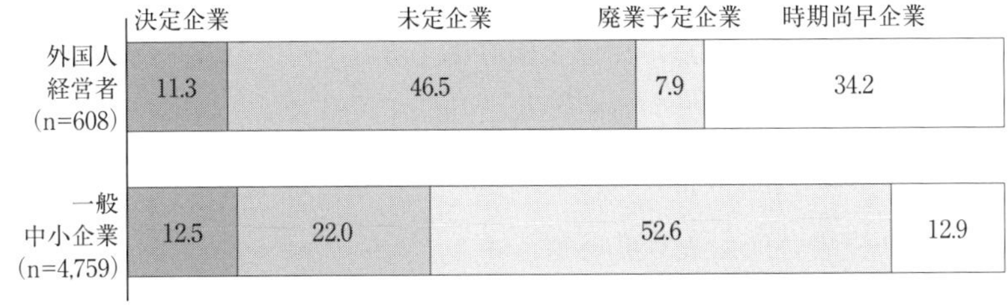

資料：一般中小企業は、日本政策金融公庫総合研究所「中小企業の事業承継に関するインターネット調査」（2019年）

（注）「決定企業」は後継者が決まっており後継者本人も承諾している企業、「未定企業」は後継者が決まっていない企業、「廃業予定企業」は経営者が自分の代で事業をやめるつもりである企業、「時期尚早企業」は経営者が若いので今は後継者を決める必要がないと考える企業。

これを、当研究所が2019年10月に実施した「中小企業の事業承継に関するインターネット調査」（以下、「事業承継調査」という）の「決定企業」が12.5％、「未定企業」が22.0％、「廃業予定企業」が52.6％、「時期尚早企業」が12.9％という結果と比較すると、「決定企業」の割合はほぼ同じ、「未定企業」「時期尚早企業」の割合が高く、「廃業予定企業」の割合はかなり低い。事業承継調査における経営者の平均年齢は61.0歳で、60歳以上の経営者が55.8％を占めるのに対し、外国人経営者の平均年齢は51.2歳、60歳以上の割合は19.8％と、かなり若いことから「時期尚早企業」の割合が高いのは納得できる。一方、「未定企業」が多く「廃業予定企業」が非常に少ないことは、年齢の違いだけでは説明できない。これは、現時点では後継者が決まっていない場合でも、事業を将来継続させたいという意思が、外国人経営者では強いことを表しているといえよう。

なお、「決定企業」について、後継者の現経営者との関係を尋ねたところ、「実子」が64.7％、「子ども以外の家族・親族」が10.3％、「役員・従業員」が20.6％、「社外の人」が4.4％となった。事業承継調査で該当するカテゴリーを集計すると、「実子」が65.5％、「子ども以外の家族・親族」が14.2％、「役員・従業員」が16.3％、「社外の人」が4.0％となっており、実の子どもに後を継がせるという傾向は、全体ではあまり変わりがない。

これを出身国別にみると、サンプルサイズが小さくなるため一定の誤差があることに注意する必要はあるものの、大きな傾向の違いがあるようだ。後継者が「実子」の割合は、「台湾」で6社中5社の83.3％、「中国」で23社中19社の82.6％と、中華圏で非常に高い[34]。「子ども以外の家族・親族」を加えると、「台湾」は6社すべて、「中国」は20社、87.0％となった[35]。事業承継調査で「実子」「子ども以外の家族・親族」を合わせた79.7％よりもかなり高く、これら中華圏の出身者は、ビジネスを家族で続けていこうとする傾向が強いと考えてよいだろう。

(4) 日本への定着

外国人経営者は、今後も日本で暮らそうと考えているのだろうか。あるいは、引退したら帰国しようと考えているのだろうか。ここで、経営者の日本の永住権の取得状況をみると、「すでに取って

34　そのほかの出身国のサンプルサイズと「実子」の回答数、回答割合は、「インド」（4社中3社、75.0％）、「韓国・北朝鮮」（23社中13社、56.5％）、「北米」（5社中2社、40.0％）、「中南米」（3社中1社、33.3％）、「アジア諸国」（3社中1社、33.3％）、「ヨーロッパ」（1社中0社、0.0％）であった。なお「オセアニア」は後継者が決定しているとの回答がなかった。

35　「子ども以外の家族・親族」の割合は、「台湾」が16.7％、「中国」が4.3％となっている。このほか、「中国」は、「役員・従業員」が13.0％であった。

図１－26　永住権の取得状況（出身国別）

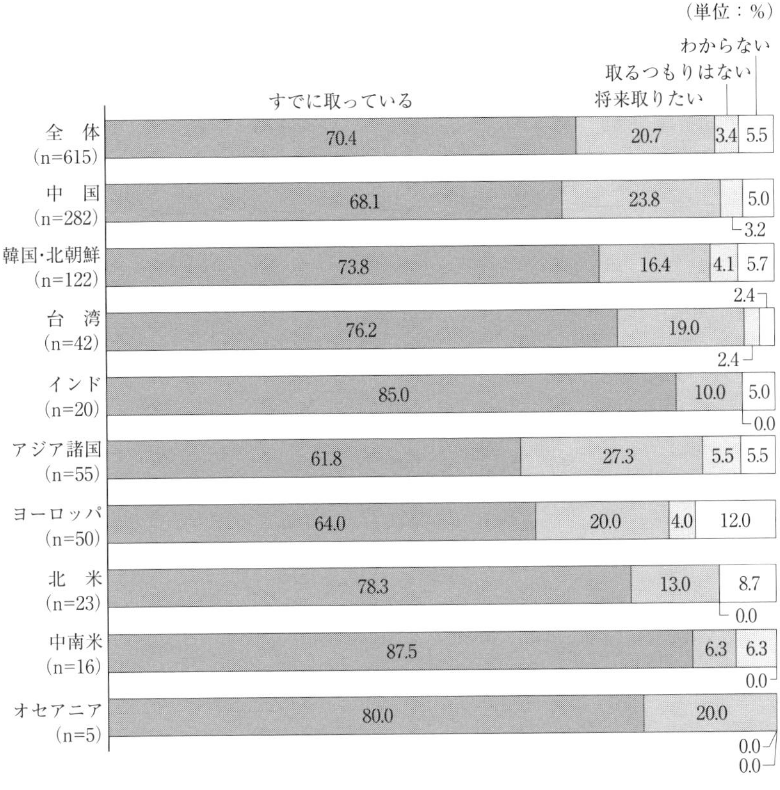

いる」が70.4％、「将来取りたい」が20.7％との回答となった(図１－26)。「取るつもりはない」は3.4％、「わからない」は5.5％と少数派である。出身国別にみても、すべてで「すでに取っている」「将来取りたい」の合計が８割を超えており、出身国にかかわりなく日本に永住したいと考えている外国人経営者がほとんどであることがわかる。さらに、配偶者の国籍をみると、「日本」が29.1％、「外国」が63.5％、「配偶者はいない」が7.5％だった。全体の３割近い経営者が日本人と結婚している。

こうした一連のデータは、多くの外国人経営者が日本で長期間事業を続ける意思があり、家族とともに日本に住み続ける可能性が高いことを示している。ヒアリングでも、治安が良く、医療や子どもの教育環境も整っている日本で、これからも長く暮らしたいと話す経営者が多かった。

8　おわりに

ここまでみてきたように、海外からやって来た多くの外国人経営者が、日本においてビジネスチャンスを発見し、一定の成功を収めている。出身国とのビジネス上の懸け橋となっているケースも多いようだ。わが国の入国管理政策を今後どうするべきかという議論はここでは控えるが、今、外国人経営者が増加していることは間違いない。そして、その多くが自ら事業をスタートさせている。本章では、外国人経営者のうち、もともと経営者になるために日本にやって来た人は少数派であり、その多くが、留学や仕事などの目的で来日したあと、一定の期間を経て経営者になっていることを示した。経営者予備軍となりえる海外からの留学生や日本で働く外国人は、近年増え続けていることから、外国人経営者の増加はこれからも続く可能性が高い。日本において中小企業の数が減少を続けている現状を考えれば、今後、彼らが創業の新たな担い手として、あるいは中小企業の後継者として、大いに活躍してくれることが期待できよう。

ただ、異郷の地で事業を経営するのは、簡単なことではない。一から創業するとなると、なおさらだ。創業支援や中小企業支援の制度のほとんどは、経営者が外国人であっても利用できる。しかし、そうした制度があることをよく知らなかったり、知っていたとしても言葉の問題でうまく活用できなかったりするケースも少なくないだろう。日本で事業を行う外国人が、よりスムーズにビジネスを進めることができるよう、英語をはじめとする多言語での情報提供やサポートを含めた、より機動的な支援体制を整えることが必要ではないだろうか。

参考文献

大宮知信（2005）『ウチの社長は外国人―成功起業家10人のサムライ精神』祥伝社

近畿経済産業局（2019）「関西における外国人起業家の動向」近畿経済産業局『関西企業フロントライン』第12回

江小濤（2018）「日本経済活性化に向けた在日外国人起業家の育成と起業戦略―外国人起業家の視点から―」（作新学院大学・作新学院大学女子短期大学部「学術情報リポジトリ」収録）

出入国在留管理庁編（2020）『2020年版「出入国在留管理」』

中小企業庁編（2020）『中小企業白書 小規模企業白書（2020年版 上）』日経印刷

ディスコ（2018）「2019年度 外国人留学生の就職活動に関する調査結果」（2018年８月）

日本総合研究所（2012）「平成23年度経済産業省委託調査（高度外国人の起業環境等に関する調査）報告書」（2012年３月）

野村敦子（2015）「起業促進に向けたインバウンド戦略―海外における外国人起業人材の受け入れ促進策と日本への示唆―」日本総合研究所

播磨亜希（2019）「トランスナショナル創業―国境を越える起業家の役割と課題―」日本政策金融公庫総合研究所『日本政策金融公庫論集』第45号、pp.35-58

本庄裕司（2021）「IPO 企業の資金調達とパフォーマンス―東証マザーズによる検証結果―」日本政策金融公庫総合研究所『日本政策金融公庫論集』第50号、pp.47-67

Pandey, Sheela and Shanggeun Rhee（2015）“An Inductive Study of Foreign CEOs of Japanese Firms.” *Journal of Leadership & Organizational Studies,* Vol.22, pp.202-216.

第2章

活躍する外国人起業家たち

日本政策金融公庫総合研究所
研究主幹　深沼 光
研究員　髙木 惇矢
(現・松本支店中小企業事業課長代理)
研究員　西山 聡志

事例 1

画期的な検査装置の開発で成長

企 業 名：つくばテクノロジー株式会社

代 表 者：王　波

出 身 国：中　国

来　　日：1993年

創　　業：2005年

従業者数：20人

事業内容：非破壊検査装置の研究・開発・製造

所 在 地：茨城県つくば市千現 1-14-11

U　R　L：https://www.tsukubatech.co.jp

【これまでの歩み】

1960年３月	中国で生まれる
1982年７月	西安電子科技大学をレーダーシステムを専攻して卒業
1986年12月	同大学修士課程修了
1993年８月	来日して筑波大学に工学研究科研究生として入学
1995年４月	筑波大学大学院博士後期課程入学
1999年３月	通信総合研究所（現・情報通信研究機構）へ就職
2001年１月	産業技術総合研究所へ転職
2005年７月	産業技術総合研究所での勤務を継続しながら法人設立
2008年４月	レーザー超音波可視化装置の製品化を開始
2010年４月	産業技術総合研究所を退職し事業に専念
2011年３月	小型Ｘ線検査装置の製品化を開始
2014年２月	現社屋に移転

独自の非破壊検査装置を開発

中国出身の王波さんが率いるつくばテクノロジー株式会社は、非破壊検査装置の開発・販売を手がけている。非破壊検査とは、対象物を壊すことなく、亀裂、破損、劣化などを検出する検査方法のことだ。発電所や橋梁（きょうりょう）など生活や産業の基盤となる設備、各種機械、それらを構成する部品など、さまざまなものの検査に用いられている。医療用のCTやMRIも、同じ技術を応用したものだ。こうしたなかで同社が得意としているのは、レーザー超音波計測とX線検査で使う装置である。

レーザー超音波計測とは、レーザーを対象物に照射し、熱で膨張した際に発生する超音波を解析することで、物体の異常を検知する手法である。通常、超音波はレーザーを照射したところを中心として、きれいな波紋のように広がっていく。ところが、異常のある箇所に到達すると波に乱れが生じる。同社の装置の特徴は、複数点を照射して超音波を励起し、一カ所で受信したデータを解析して、波の信号を画像に転換するところにある。超音波の伝わり方を動画で確認することで、一目で欠陥箇所を見つけることができるのだ。金属、セラミックス、樹脂など、あらゆる素材のものを検査できることも大きなメリットである。超音波は対象物の内部まで届くため、裏側や接合部といった人の目が届かない箇所でも、容易に異常を検知できる。設置する場所に合わせて、卓上サイズから高さ72センチメートル横幅50センチメートルの大型タイプまで、多様な大きさの装置を取りそろえている。

卓上で使えるレーザー超音波計測器（右上）

X線検査は、対象物にX線を当てて異常を検知する手法だ。病院のレントゲン検査や空港の保安検査でおなじみである。X線が通過しやすいところは黒く、通過しにくいところは白く写し出される。従来のX線検査装置は、熱陰極方式と呼ばれるX線管を使用している。これは一種の真空管で、タングステンのフィラメントの陰極と、銅にタングステンを埋め込んだ陽極が内蔵されている。陰極に電流を流して予備加熱したあと、高電圧をかけると、陰極から熱電子が放出されて陽極とぶつかりX線が発生する。シンプルな仕組みである一方、予備加熱をしなければならない。それに加えて変換効率が低いため、大容量高圧電源と発生する大量の熱を逃がす冷却装置が必要になる。そのため、機器が大きくなってしまう。

これに対し、同社は冷陰極方式と呼ばれるX線管を開発し、検査装置に搭載した。このX線管は、直径45ミリメートル、長さ100ミリメートルと小型である。炭素原子で構成されたナノメートル（10億分の1メートル）単位の構造体を陰極に用いることで、陰極の加熱が不要になり、転換効率も向上した。そのため、必要な電力も大幅に削減され、小さな電源装置での駆動が可能になった。冷却装置も簡単なものですむ。これによって、X線検査装置の画期的な小型化に成功したのだ。最小のモデルは、高さと横幅がおよそ18センチメートル、奥行きは7センチメートルほどで、重さ約2キログラムだ。乾電池1本で駆動できる。

これらの製品は用途が特殊であるため、受注生産が中心で、納期は3～4カ月ほどだ。部品製造の多くは外注しているものの、全体の組み立てと機器の調整は、基本的に社内で行う。取引先には、大手の電力会社や有名電機メーカーといった、そうそうたる顔ぶれが並ぶ。2015年2月には茨城県「いばらき産業大賞」の奨励賞、10月には経済産業省「第6回ものづくり大賞」の優秀賞を受賞するなど、たくさんの賞を受賞している。

研究者として来日

王さんは、もともと中国・西安電子科技大学で電子工学を学び、1986年に修士号を取得して、母校の大学で教壇に立っていた。日本に興味をもったきっかけは、師事したいと思う研究者が筑波大学に在籍していたことである。1993年、来日した王さんは、同大学の大学院に入学し、医療用のCTとMRIの画像処理の研究にいそしんだ。

1999年には、研究者としての実績をさらに積むために東京都小金井市にある通信総合研究所（現・情報通信研究機構）へ就職した。そこでは、医療用CTで撮影した二次元画像を三次元画像にする研究に携わった。つくば市に家族を残しての単身赴任だった。仕事にやりがいを感じていた王さんだが、離れて暮らす家族のことがいつも気がかりだった。筑波大学に在学していた頃の研究仲間の多くも、大学や近隣の研究所に残って働いていた。いつかは、つくば市に戻りたいと考える毎日だったという。

2001年1月、つくば市にある産業技術総合研究所で、非破壊検査技術の研究に関する新たなプロジェクトが立ち上がることになり、王さんはこのプロジェクトの重点支援研究員に応募して、産業技術総合研究所に転職することになった。

研究の成果を基に創業

産業技術総合研究所で働いた当初、王さんは研究者としての道を歩んでいこうと考えていた。ところが、同僚や先輩たちのなかには、研究の成果を生かしたビジネスを志す人が少なくなかった。中国に帰郷した際、大学時代の友人が次々と起業していることも知った。こうした周囲の知人や友人たちに触発され、王さんも次第に創業を意識するようになった。

2005年7月、これまで研究してきた技術を生かして社会に貢献したいと、王さんは今の会社を立ち上げた。産業技術総合研究所には研究の仕事をしながら、さまざまな支援を受けられる「産総研技術移転ベンチャー」として創業した。週に数日、会社経営者として仕事をし、残りの日は勤務者として研究をするという働き方が認め

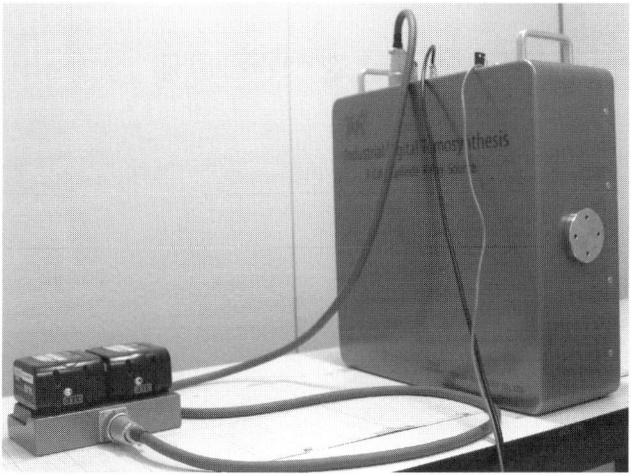

小型のＸ線検査装置

られた。ほかにも、最先端の研究装置を割安で貸与してもらったり、経営をサポートする専門家を紹介してもらったりと、充実した支援を受けた。

最初は、産業技術総合研究所から程近い、つくば市のインキュベーション施設の中に事務所を構えた。そこで開催される経営に関するセミナーに積極的に参加することで、王さんは経営のノウハウを身につけていった。

販路の開拓には、主に展示会を活用した。完成した装置を出展し、使いやすさをアピールした。興味をもって声をかけてくれた企業からは、検査するもののサンプルを引き取って、無料で検査結果を納めた。使い勝手の良さだけではなく、精緻な検査結果が得られることも示した。完成度の高さが口コミで広がると、引き合いが増えていった。その後、知人の研究者４人に事業に加わってもらい、2010年、王さんは経営に専念するために産業技術総合研究所を離れた。

技術が人を引きつける

会社の売り上げは順調に伸び、従業員も増やしていった。インキュベーション施設の一室では手狭になったことから、2014年2月には2階建ての現社屋に移った。現在、王さんを含めて20人がここで働いている。そのほとんどが、理工系の博士号、修士号をもつ。産業技術総合研究所時代の同僚や大手電機メーカーの研究者といった転職組のほか新卒者も採用しており、従業員のキャリアは多種多様だ。

中国出身者は王さんを含めて6人いる。日本人の社員は14人で、日本人の比率が高い。社内で使われている言葉は日本語である。王さんが操る日本語も非常に流暢(りゅうちょう)だ。採用に当たっては、中国出身か日本出身かを問うことはない。能力と意欲があると王さんが判断した人を迎え入れている。日常の業務において、仕事仲間の出身国を意識する場面はほとんどないのだそうだ。従業員に入社理由を尋ねると、誰もが「高い技術力に引かれ、自分も研究に携わりたいから」と答えるという。

ただし、事業展開に当たっては中国とのつながりを重視した。都市化が進行する中国では、インフラ設備の検査や輸送機械の整備といった目的で、非破壊検査装置の需要が旺盛だからだ。同社も取引先の拡大を図るために、2014年から、上海や蘇州などで開催される展示会へ出展している。技術者と中国語で直接やりとりできるということで、ブースには多くの人が訪れた。その結果、中国への売り上げは、全体のおよそ半分を占めるまでに成長したそうだ。また、装置に必要な部品の製造を、中国企業に発注することもある。相手が信頼できるかどうかを知りたいときには、王さんの中国での人脈が役に立つ。近い分野で働く知人が多いからだ。彼らに紹介してもらった外注先もあるという。

日本の企業として成長する

同社の売り上げは、2019年におよそ２億円に達した。2020年は、新型コロナウイルス感染症の影響で売り上げに落ち込みがみられるそうだが、引き合い自体は決して少なくないという。

事業のさらなる成長に向けて、今ではアジアの広い範囲でのシェア獲得を目指している。日本や中国にとどまらず、フィリピン、スリランカ、ベトナム、タイなどでも非破壊検査装置を売り込みたいそうだ。その足がかりとして、2019年に米国で開催された世界最大級の非破壊検査装置の展示会に出展した。世界各国から参加者が集まるなか、技術をアピールして人脈をつくることができた。

中国出身ではあるが、王さんの気持ちは日本にある。「このつくばで、日本の企業として事業を大きくしたい」と力強く語ってくれた。留学を機に家族とともにつくば市へやって来てから、約30年が経った。王さんの言葉には、住み慣れたつくば市への愛着が込められているのだろう。日本の非破壊検査装置開発企業として、同社はこれからも業界のフロントランナーであり続けるに違いない。

（髙木 惇矢）

事例2

日本古来の文化に新たな息吹を

企 業 名：株式会社 MONOHA

代 表 者：Ratchata Suwansilp（ラッチャタ・スワンシン）

出 身 国：タ　イ

来　　日：2008年

創　　業：2019年

従業者数：１人

事業内容：日本の伝統文様を使った和装を中心としたデザイン・企画

所 在 地：京都府京都市上京区榎町

Ｕ Ｒ Ｌ：https://www.monoha.net

【これまでの歩み】

1984年１月　タイで生まれる

2006年２月　タイの大学で映像学を専攻し卒業

４月　フリーランスで映像制作に従事

2008年９月　来日して京都の日本語学校に入学

2010年４月　京都の大学に入学し日本画を学ぶ

2014年３月　大学を卒業

４月　京都市内の刺繍（ししゅう）工房に入社

2019年４月　刺繍工房を退職し開業

伝統工芸とのコラボレーション

タイ出身のラッチャタ・スワンシンさんが社長を務める㈱MONOHAは、西陣織を使った帯、着物、ネクタイなどのデザインと製造を行っている。西陣織は京都市北西部の西陣と呼ばれる地域でつくられる織物で、国の伝統工芸品に指定されている。西陣織には、図案の企画、撚糸（ねんし）や糸染めなどの原料加工、織り、刺繍（ししゅう）、仕立てといった工程がある。西陣には古くから多くの職人が集まり、各工程を分業で行ってきた。

スワンシンさんもアトリエをこの地域に構える。アトリエで扱う代表的な製品は、スワンシンさんが図案を描き、京繍（きょうぬい）の職人が刺繍した西陣織の帯である。月をモチーフにしたシンプルなもの、細やかな草花、円や線を組み合わせた幾何学的な文様など、デザインの幅が広い。帯に施される京繍は、奈良時代前後に中国から伝わった仏画の刺繍技法がルーツといわれている。十二単（じゅうにひとえ）をはじめとする宮中の衣装に取り入れられるようになり、京都で独自に発展した。金糸や銀糸などを使って、絹や麻などの織物に緻密な文様が描かれる。高い技術が必要とされ、これも国の伝統工芸品に指定されている。

また、アトリエでは唐紙（からかみ）メーカー、織物メーカーとコラボレートしたネクタイを企画している。唐紙とは、和紙に木版刷りで文様を写し取った装飾用の紙で、襖紙（ふすまがみ）として用いられることが多い。円を組み合わせた七宝文様や四角を組み合わせた角つなぎ文様といった唐紙に使われるデザインをスワンシンさんが企画し、西陣織のネクタイに仕立てている。ネクタイの柄に唐紙の伝統的な文様を施した

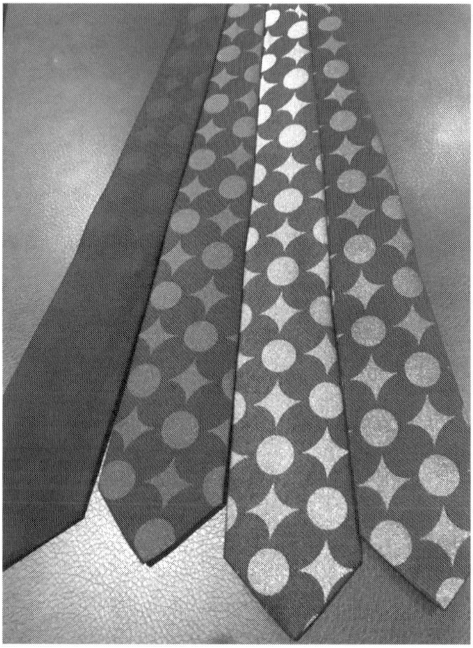

唐紙の文様を施した西陣織のネクタイ

ものはめずらしく、新しいものに敏感なお客さんに人気があるという。こうした製品を、取引先である織物メーカーが運営するショールームやウェブストアに卸している。

日本に魅せられて来日

スワンシンさんはタイの首都バンコクで生まれた。高校生の時に日本人監督の映画を見て映像づくりに興味をもち、大学に進学して映像学を専攻した。卒業後は、フリーランスとして企業のコマーシャルやプロモーションビデオ制作の仕事に就いた。いくつも映像作品を手がけ、技術は向上していった。ただ、つくり手があふれるこの業界は競争が激しく、映像クリエイターとしての終着点がふとみえてしまった。後悔しないように、何か別の新しいことに挑戦するなら今だ。スワンシンさんは、映像制作へ進むきっかけをつくってくれた日本のことが頭に浮かんだ。日本の文化のなかに、自分が進むべき道を示してくれるヒントがあるのではないか。禅や茶道といった伝統文化の本を読むうち、京都に行って、より深く文化を学んでみたいと思うようになった。そして2008年、スワンシンさんは海を渡った。

来日した当時、スワンシンさんは日本語をほとんど話すことができず、京都の日本語学校で１年半ほどかけて勉強した。言葉を学ぶ傍ら、優れた芸術作品に触れてみようと思い、京都の博物館を訪れた。そこで見た安土桃山時代の画家である長谷川等伯の水墨画に大いに感動したという。大胆なタッチで描きながら禅の世界観を感じさせる作品だった。日本の絵には日本の心や文化が映し出されているように感じ、日本画を学ぶことを決意した。そして、日本語学校を卒業後、京都にある大学の芸術学部に入った。

大学では、多くの日本画家に教わる機会を得た。また、美術書を読み漁り、知識を蓄えていった。一方で、日本人の画家と同じ土俵で表現するのではなく、自分なりの表現ができる舞台がないかと考えるようになった。

模索するなか、友人から「京都の刺繍工房で働かないか」と誘いを受けた。友人の父は京繍の工房を経営していた。大学在学中にその工房でつくられた風雅な能衣装を見たことがあった。これは日本の伝統文化を学びながら、自分なりの表現方法を考えるチャンスだ。そう思ったスワンシンさんは、申し出を受け入れた。工房では、美術の知識や映像制作で培った感性を生かせるデザインの仕事を任された。さらに広告、営業、職人への配達といった幅広い仕事を担当することで、織物業界の独特の商習慣を身につけていった。

自分の思うままに

工房に入って数年、確かな技術で優れた作品を生み出す多くの職人に出会った。他方で、和装する人が減り織物市場が縮小するなか、職人たちの高齢化や後継者不足により技術が承継されない問題を目の当たりにした。若い世代に製品を手に取ってもらったり、後継者として働きたいと思ってもらったりするためには、魅力的な製品を発信していく必要があると感じた。

会社を起こせば、勤務先の枠組みにとらわれず、西陣のさまざまな職人たちとコラボレートして新しい製品を自由に生み出していける。創業後も勤務先はデザインや企画をこれまでのように依頼してくれるという。家族も自分の思うようにやってみればと背中を押してくれた。タイにいる両親は、当初、息子が異国の地で創業することに不安を感じていた。二人とも安定した収入のある公務員で、事業経営そのものにも不安があったからだ。しかし、新しい仕事を通して自分にしかできない表現をしたいという思いを熱心に伝えたところ、最終的には理解してもらえた。周囲の後押しを受けたスワンシンさんは、2019年に勤務先を退職し、自分のビジネスをスタートした。

西陣のつながりを大切に

分業で成り立つ工芸品の産地で事業を営むには、地域内でのつながりが欠かせない。スワンシンさんは、勤務時代に配達の先々で職人と話し込み、人となりを覚えてもらっていたことから、創業する前に人脈を築けていた。このため創業直後から、スワンシンさんを信用して仕事を引き受けてくれたり、ほかの職人を紹介してくれたりした。

また、西陣の人たちのつながりをさらに広げる場所として、地元の金融機関が主催する経営者の交流会に顔を出した。業種を問わず、地元の経営者同士がお互いを知り合おうと始まったもので、食事会や意見交換会などのイベントが開催されていた。参加する経営者が営む業種は、土地柄もあり繊維関係が半数ほどを占めるが、そのほかにも、飲食店、ベーカリー、乾物店、ロボットメーカーとバラエティに富んでいた。

スワンシンさんが初めてこの交流会に参加したのは、まだ京繍工房に勤めていた頃だ。社長の代理として交流会に参加したのがきっかけで、自身が創業したあとも招待を受けた。外国人の視点で西陣のビジネスを見てもらえればと、交流会を主催する金融機関の支店長のはからいで、特別に入れてもらったそうだ。そのおかげで、幅広い業界の経営者と接することができ、経営のアドバイスを得るとともに、西陣という場所に深く溶け込むことができたと感じている。

創業に当たっては、交流会を通じて金融機関の担当者と面識があったこともプラスに働いた。ビジネスプランの作成や税理士などの専門家の紹介といった相談に応じてくれただけでなく、資金が必

箔と刺繍のデザインを施した新作の帯地

要なときには融資するとも言ってくれたそうだ。結局、創業の際に借入はしなかったが、助けると言ってくれる人がいたことが安心感につながったという。こうした人脈が、事業の成功につながっていると強く感じるそうだ。

タイと日本の融合を目指して

スワンシンさんは現在、一人で仕事をしているが、ゆくゆくは従業員を雇ってビジネスを拡大したいと考えている。受注は順調なのだが、一人ではオファーされた企画をすべて同時に進めることが難しくなってきたからだ。人を増やして仕事をこなせるようになれば、海外からの仕事にも挑戦したいと考えている。

スワンシンさんには、芸術大学を卒業した日本人の妻がいる。大学で漆工芸を学んでいたこともあり、伝統美術に詳しい。デザインを見せると「和風ではあるけれど、タイの雰囲気がどことなく出ている」と言われる。自分では意識していないが、幼い頃から身近にあったタイのデザインが自然に出ているのかもしれないと、スワンシンさんは語る。こうした感覚を、積極的に製品に生かしていきたいそうだ。日本の生地にタイの刺繍をしたり、タイのシルク生地に日本の刺繍をしたりと、わかりやすいかたちで日本とタイを融合させたものができないか構想しているという。伝統を残しつつ、新しい感性が宿った製品を生み出すことで、これまで伝統工芸品を手に取ってこなかったお客さんにも受け入れてもらえるのではないかと考えている。現在、スワンシンさんの製品は引き合いが多く、入荷待ちになるほどだ。タイと日本を融合させた新しい製品が投入されれば、その人気に拍車がかかるだろう。

社名の MONOHA は、1960年代の日本で「もの派」と呼ばれた現代芸術家たちへのオマージュだ。もの派では、石、木、紙、鉄といった素材を、ありのままのかたちで表現する。「もの」と空間、「もの」と「もの」とに、新たな関係性を構築するのだという。タイで育ち、日本で美術を学んだスワンシンさんだからこそ、西陣織や京繍などの伝統工芸品を素材として独特の視点でとらえ直すことができる。この先、新しい伝統工芸の在り方を示してくれるかもしれない。

(西山 聡志)

事例3

ビジネスの決め手は町と人

企 業 名：RAYAN INTERNATIONAL 合同会社

代 表 者：Hossain Md Rubel（ホサイン・エムデ・ルベル）

出 身 国：バングラデシュ

来　　日：2008年

創　　業：2016年

従業者数：３人（うち、パート・アルバイト２人）

事業内容：ハラール食材の販売、インド料理店

所 在 地：群馬県邑楽郡大泉町坂田4-16-17-102

【これまでの歩み】

1973年３月	バングラデシュで生まれる
1993年４月	首都ダッカのレストランに就職
2008年７月	来日して神奈川県相模原市のインド料理店で勤務
11月	東京都渋谷区のインド料理店で勤務
2011年９月	東京都目黒区のダイニングバーで勤務
2016年10月	現在地にてハラール食材店を開業
2020年１月	インド料理店を併設

多くの外国人が住む町

RAYAN INTERNATIONAL ㈾ は、群馬県邑楽郡大泉町でハラール食材店を運営している。ハラールとはイスラム教の教えで「許されていること」を意味するアラビア語である。イスラム教では食べてはいけないものが厳しく定められている。豚肉が食べられないというのはよく知られているが、肉の部分だけではなく、抽出したエキスやゼラチン、さらには豚肉と同じ冷蔵庫で保管した食品も口にしてはいけない。同社は、こうしたイスラム教の禁を犯していない食材を販売している。

バングラデシュ出身の社長であるホサイン・エムデ・ルベルさんは、2016年に大泉町で店の経営を始めた。大泉町は群馬県の東南部に位置している。県庁所在地の前橋市までは車で50分ほどだ。およそ４万2,000人の人口のうち約8,000人が外国人で、全国の市町村のなかでも外国人人口の比率が高い。

外国人が集まり始めたのは、1980年代後半である。第二次世界大戦が終わるまで、大泉町には軍用機の工場と飛行場があった。戦後、軍民転換が行われ、軍用機の工場跡地には電機メーカーの工場が、飛行場には自動車の製造拠点が建設された。周辺には、それらの下請け企業も集まった。1980年代後半になると、好景気にともなって大泉町の製造業の出荷額は伸びたものの、人手不足が始まっていた。そこで労働力の確保のため、大泉町の企業が資金を出し合って組織をつくり、ブラジルをはじめ南米に住む日系人を呼び寄せた。当時、南米は深刻な不況下にあり、仕事を求めて多くの人が来日した。

1990年代に入り、大泉町に住む外国人の数は増加していった。大泉町役場の資料によれば、大泉町の外国人登録者数は2000年12月に約6,000人になり、1990年からの10年間で4倍近くに増加した。80％ほどがブラジル人であった。

2010年代に入ると、東南アジアや南アジアから来る人も目立つようになった。外国人技能実習制度により来日し、大泉町内の工場で働く人が増えたからだ。2020年10月末のデータによると、大泉町の外国人住民は約8,000人に達している。そのうち、ベトナムやフィリピンなど東南アジアの出身者はおよそ900人で、ネパールやインドといった南アジアの出身者は約560人だ。東南アジアと南アジアを合算すると1,500人ほどで、町の人口に占める割合は20％弱になる。大泉町の代表駅である東武鉄道西小泉駅周辺では、アジア食材店やアジアンレストランの看板が目につくようになってきた。一方、ブラジル人の人口は4,600人程度で、割合は58％まで下がっている。

多様な食材を販売する

ホサインさんの店は、西小泉駅から徒歩10分ほどの幹線道路沿いにある。約35平方メートルの店内には、アジア各地からの輸入食材をメインに、所狭しと商品が並べられている。コリアンダーやガラムマサラをはじめとする香辛料、チリソースにカレーペーストといった調味料など、扱う食材は多岐にわたる。食肉の取り扱いも

幹線道路沿いに立てられた同社の看板

あるが、ハラール食材店のため豚肉は店に並べていない。ハラールの作法に沿って処理された鶏肉や羊肉を販売している。

店には、ホサインさんの母国のバングラデシュをはじめ、インドネシア、マレーシア、パキスタンなどから日本にやって来たイスラム教徒のお客さんが大勢訪れる。宗教は異なるものの、使う食材の多くが共通しているネパール、インド、タイといった国の出身者も多い。めずらしいアジア食材を探す日本人客も訪れることもあるようだ。

業務用の食材を求め、ホサインさんを頼るレストランのオーナーも少なくない。店頭での販売だけではなく、店に並んでいない商品の取り寄せにも応じてくれるためだ。例えば、ハラール料理に使う外国産のコメやマメといった、日本の食料品店ではなかなか買うことができない食材でも、ホサインさんはすぐに入手できるのである。

営業時間は11時から21時で、定休日はなく、都合のつく限り毎日店を開けている。レストランなどの大口顧客には配達にも応じて

店内にずらりと並ぶ輸入食材

おり、日本で運転免許を取得したホサインさんが顧客のもとへ自ら商品を届けている。

小さい店ではあるが、ホサインさんは２人のアルバイトとともに３人で店を営んでいる。アルバイトのうち１人は土曜日と日曜日に配達を手伝っており、もう１人は平日午後の忙しい時間帯に接客を担当している。

インド料理のシェフとして日本で働く

ホサインさんはバングラデシュの高校を卒業したあと、首都ダッカにあるレストランで15年ほどシェフをしていた。来日のきっかけは、そのレストランのバングラデシュ人のオーナーに日本で一緒に働かないかと誘われたことだ。神奈川県相模原市でインド料理店を開くためである。バングラデシュとインドは国境で接しており、カレーに代表される食文化はほぼ同じだ。ただ、日本ではバングラデシュ料理よりインド料理のほうが有名であるため、インド料理店として始めるのだという。

長年磨いてきた料理の腕を発揮できると考えたホサインさんは、2008年７月に日本へやって来た。日本語がまったくわからないまま来日したが、相模原市内でボランティアが運営する日本語教室に通い、少しずつ言葉を覚えていった。インド料理店にやって来る日本人客と積極的にコミュニケーションをとることで、さらに日本語に慣れていった。

相模原市では４カ月ほど働き、ホサインさんはインド料理のシェフとしてステップアップしようと考えた。2008年11月から東京都渋谷区にあるインド料理店で腕を振るい、2011年には目黒区にあるダイニングバーに移ってインド料理をつくった。店を渡り歩くうちに、一緒に働いた南アジア出身者たちとの交友関係が広がっていった。国籍はバングラデシュだけではなく、インド、パキスタン、ネパールなどさまざまだが、文化や慣習は似ていることから、すぐに打ち解けることできた。友人たちとは仕事の悩みを共有したり一緒に休日を過ごしたりした。コミュニティーはいつしか50人を超えるようになり、もともと日本に知人がいなかったホサインさんにとって心強い存在になったそうだ。

目黒区の店で働いていた時、インド人の友人に、創業したいので出資をしてほしいと話をもちかけられた。大泉町でインド食材店をするつもりだという。夢を後押ししてあげたいと考えたホサインさんは、設備を購入するための費用を一部支援した。サポートを受けたその友人は、無事に創業を果たした。

友人の店を買い取って創業

ホサインさんは、来日してから7年ほどインド料理のシェフとしての経験を積んだ。料理の腕が日本でも通用する自信がついたことから、自分の店をもちたいと考えるようになった。そうしたなか、2016年、大泉町でインド食材店を創業したインド人の友人から、店を譲りたいとの話を受けた。事情があって帰国することになり、出資をしてくれたホサインさんに店を引き取ってほしいと考えたのだ。

もともと大泉町にはなじみがあった。友人に会うために、何度か訪れたことがあったためだ。アジア出身者が多く住んでいるから、暮らしやすそうなイメージもあった。この店をレストラン経営への足がかりにしよう。そう考えたホサインさんは友人の店を買い取り、家族で大泉町に移り住んだ。

店はハラール食材店としてリニューアルオープンした。ホサインさんはイスラム教徒で、来日した頃は食べるものに苦労したという。最近ではハラール食材店やハラールレストランが増えてきてはいるものの、まだまだ少ない。東南アジアや南アジアの出身者にはイスラム教徒が多く、そうした人たちが多く住む大泉町は、立地として好都合だった。

仕入先はすぐに確保できた。インド料理店で勤務していた頃に食材を調達していた卸売業者が、取引に応じてくれたのだ。南アジア出身の友人たちも力になってくれた。ホサインさんが店を始めることを知らせると、ぜひ食材を購入したいと次々に声をかけてきてくれたのだ。友人たちの多くは飲食業界で働いている。レストランのオーナーもいたため、大口の仕入れの話も舞い込んできた。開業に必要な書類の手続きは、外国人経営者へのサポート経験が豊富な税理士の力を借りた。大泉町を管轄する保健所に営業に必要な許可の取得方法について相談すると、外国人経営者への対応には慣れていたそうで、わかりやすく手順を教えてくれたという。

日本での暮らしを続ける

2016年の開業以来、売り上げは着実に伸びている。当初の狙いどおり大泉町に住む外国人の需要を取り込むことができたうえに、友人たちからの受注も継続している。さらなる売り上げの増加を目指し、ホサインさんはコミュニティーをもっと広げたいのだそうだ。友人たちが集まるパーティーには頻繁に顔を出し、知り合いを紹介してもらっている。パーティーの参加者は多いときで50人にもなる。新たに知り合った人も、レストランで働く人が多い。ニーズを聞き出して取引に結びつけている。

事業が軌道に乗った2019年10月、念願であるインド料理店を併設するため、店の改装資金を金融機関から調達した。改装を終え、2020年４月にオープンしたものの、新型コロナウイルスの感染拡大が始まった。各地の飲食店の休業が相次ぐなか、ホサインさんはオープン直後の店の営業をいったん休止した。ただ、コロナ禍が終息すればいつでも再開できるよう、準備は進めている。

ホサインさんは、妻と２人の子どもとともに４人で暮らしている。バングラデシュに住む父へ毎月仕送りをしているが、来日してから母国へ帰省したのは一度きりである。しばらくバングラデシュには戻らず、子育てがしやすい今の環境で生活したいのだという。日本人か外国人かを問わず、地域の人との親睦を図りたい考えもある。大泉町では、毎年７月に「大泉まつり」が開催されている。西小泉駅近くの広場でサンバのショーが開かれ、町内のメインストリートには屋台や移動販売車が並ぶ。2020年はコロナ禍のため中止となってしまったが、今後再開されれば店を出して、地域の人との交流の機会をつくりたいそうだ。

生活も仕事も充実させられる大泉町に根を下ろしたいというホサインさん。来日から10年以上かけて築き上げたコミュニティーを大事にしながら、地域に密着したビジネスを展開していきたいという。町や人とのつながりが、異国の地でチャレンジするホサインさんの夢をかなえていく。

（髙木 惇矢）

事例４

弁当箱の販売で京都から世界へ

企 業 名：株式会社 BERTRAND

代 表 者：Thomas Bertrand（トマ・ベルトラン）

出 身 国：フランス

来 日：2003年

創 業：2008年

従業者数：15人（うち、アルバイト３人）

事業内容：弁当箱の販売、出荷管理システムの開発・販売

所 在 地：京都府京都市中京区六角通麩屋町東入八百屋町117

U R L：https://bertrandco.com

【これまでの歩み】

1981年７月　フランスで生まれる

2004年９月　グルノーブル政治学院在学中に京都大学へ留学

2005年９月　グルノーブル政治学院を卒業して来日

2008年11月　弁当箱を販売するECサイトをオープン

2010年２月　法人化

2012年４月　現在地に店舗を開設

2018年11月　出荷管理システムをリリース

150種類以上の弁当箱をそろえる

㈱ BERTRAND は、京都府京都市に本社を構え、弁当箱を販売している。メインの販路は自社の EC サイトで、ラインナップは常時150種類以上だ。アルミ製のコンパクトなタイプやプラスチックでできた無地のものといった定番の弁当箱はもちろん、有名な浮世絵をプリントしたデザイン性の高いアイテム、容量1,000ミリリットル前後の大きなモデル、木製の曲げわっぱなども扱っている。フランス語、英語、日本語の３カ国語で EC サイトは運営されており、輸出先の国は100カ国を超える。なかでも、フランスや米国からの利用者が多い。個人客だけではなく、小売業者からの大口の注文にも対応している。

また、弁当箱専門店を京都市内で運営している。京都駅から北東に向かって３キロメートルほどの京都市の中心地にあり、商店街のすぐそばだ。週末や休日など、来客が見込める日に限定して店を開けている。京都を訪れた外国人観光客をはじめ、地元の人もよく店にやって来る。売り上げの割合は、EC サイト経由が８割で、店舗での販売が２割だ。

今では“bento”がフランス語や英語の辞書に載り、世界に販売網をもつ大手 EC サイトで“bento box”と検索すると、数十種類の弁当箱がヒットする。また、京都市内には弁当箱を扱う生活雑貨の店が点在し、大手企業が運営する大型店もある。多くの競争相手がいるなか、顧客から選ばれているポイントは二つある。

一つ目は、外国人の目線で商品をセレクトしていることだ。社長

浮世絵をプリントした弁当箱

のトマ・ベルトランさんはフランス生まれ。自ら仕入れを担当する。例えば、浮世絵デザインの弁当箱は、日本らしさを強く感じられる商品として仕入れを決めた。日本独特の文化に関心のある外国人が多いためだ。狙いどおり海外からの受注が相次ぎ、売れ筋商品となったという。また、ベルトランさんは、日本人よりも外国人のほうが、1食当たりの食事量が多いことに気がついた。そこで、大容量の弁当箱の品ぞろえを充実させたところ、外国人からの売り上げが伸びたそうだ。

二つ目は、発売から10年が経過したような古い型の商品でも、顧客からの要望があれば継続的に販売していることである。気に入った弁当箱をずっと使い続けたいという需要に応えるためだ。大手ECサイトや大型店では、新商品の取り扱いが中心である。今まで使っていた弁当箱が壊れてしまい、同じものを買いたいと思っても、在庫のないケースがあるのだという。こうした取り組みは、リピート顧客の確保につながっている。

日本への関心が膨らむ

ベルトランさんは、幼少の頃から日本に親しみをもっていた。小学生の時には、日本のマンガやアニメに熱中し、テレビゲームでもよく遊んだ。年を追うごとに、いつか日本に足を運びたい気持ちが強くなっていった。

2000年、大学レベルの教育機関であるグルノーブル政治学院へ入学した。大手企業の幹部や高級官僚を多数輩出している名門校で、歴史、法律、経済など社会科学を幅広く学べる。ベルトランさんはジャーナリストを志して勉学に励んだ。日本への興味は強く、入学して真っ先に履修した授業は明治時代の歴史だった。

2002年には、夏休みを使い、旅行で初めて日本へと降り立った。東京や広島などの主要都市を周遊し、寺社を訪問したり和食を楽しんだりと、日本独特の文化に触れた。日本のことをもっと知りたい。ベルトランさんは、再び訪日する機会がないかと考えていた。そこで目にとまったのは、グルノーブル政治学院の留学プログラムだった。日本で学ぶチャンスだと考えたベルトランさんはこのプログラムに参加し、2003年から1年間、京都大学へ留学することになった。

京都大学では、日本語や日本の歴史を学んだ。休日には京都市内を巡り、歴史ある建物を訪れたり、人でにぎわう商店街を歩いたりした。日本の古い文化が根づき、活気にあふれる京都の街並みに魅了されていった。留学を終えてフランスへ帰る時は、後ろ髪を引かれる思いだったという。

グルノーブル政治学院の卒業を控えたベルトランさんは、将来の進路について悩んでいた。フランスでジャーナリストになろうと学んできたが、日本への思いは日に日に募る一方だった。そこで2005年、卒業してすぐにワーキングホリデーを使って来日した。生活の拠点は京都に置いた。もともと愛着があったうえに、東京など他の大都市と比べると物価が安く、住みやすいと感じたためだ。

弁当箱に注目する

来日後、ベルトランさんはアルバイトで生計を立てながら、フランス人をターゲットにしたフランス語のブログを運営していた。和食、寺社などの古い建造物、京都で開催される祇園祭の様子など日本らしい題材を取り上げ、写真の撮影から記事の執筆までベルトランさんが一人で手がけた。ゆくゆくは日本でジャーナリストになれないかと考え、その手始めとしての取り組みだったそうだ。

開設して数カ月後、ブログのアクセス数は1カ月当たりおよそ２万4,000件にまで達した。評判は人づてに広まり、「日本の文化は興味深い」「ベルトランさんに会って、日本のことをもっと聞きたい」といったコメントも寄せられたという。日本に関心をもつフランス人が想像以上に多いと、ベルトランさんは感じていた。

こうしたブログの反響を受け、日本特有のアイテムをフランス向けに販売することで、需要を掘り起こせないかと考えた。アニメやマンガ、ゲームといったコンテンツは広まっていたものの、日本から来た商品が普及していたわけではなかった。開拓の進んでいない分野であれば、ライバルも少ないと考えた。

そこで注目したのが弁当箱だった。きっかけは、フランスに住むベルトランさんの母からの話だった。フランスの雑誌で日本の弁当のレシピが特集されていたというのだ。弁当が注目されているなら、その容器である弁当箱にもいずれスポットが当たるとベルトランさんは確信した。2008年7月のことであった。

日本では、炊いたご飯におかずを何品も入れて弁当をつくる。彩りを豊かにしたり野菜を動物の形に切ったりなど、見た目にも工夫がある。フランスでも調理した食品を持ち運び、外出先で食べる人はいる。ただ、サンドイッチやサラダなど簡素な料理をプラスチック製の容器に詰めて持っていくだけで、手間をかける習慣はなかった。フランス人にとって日本の弁当は新鮮に映り、関心を集めていた。

さっそく、フランスで日本の弁当箱を取り扱う業者がないかリサーチしたところ、ネットオークションでしか購入できないことがわかった。これを商機とみたベルトランさんは、ジャーナリストの道から一転、2008年10月に弁当箱のインターネット通販業者として自宅の一室で創業した。

ブログで築いた人脈を生かす

EC サイトをつくるに当たり、ブログの読者だったプログラマーとデザイナーの協力を得た。２人とも日本在住のフランス人だった。仕入れについては、弁当箱メーカーに電話で直接注文をして、２社から15種類の商品を確保した。開業にかかる書類手続きは、

弁当箱が並ぶにぎやかな店内

京都に住み始めてから結婚した、日本人の妻のサポートを受けた。ブログでECサイトを立ち上げるまでの様子を発信したところ、読者からは、「弁当箱を購入したい」との声が寄せられた。

2008年11月、フランス在住のフランス人を主なターゲットとしたECサイトをオープンした。すると、開設からわずか30分で初めての注文が入った。ブログの読者であるフランス人からだった。ベルトランさんは、あまりの早さに驚きつつも、事業がうまくいく手応えを感じたそうだ。

ブログの読者からの注文を中心に、弁当箱は順調に売れ、ECサイトの開設からわずか2カ月で事業は黒字化した。規模の拡大にともない、2010年に事業を個人から法人へ切り替えた。また、販売先を広げるため、2010年に英語版、2011年に日本語版のECサイトをそれぞれ立ち上げ、2012年には京都市内に店舗を構えた。売り上げは着実に伸び続け、2015年の年商は2億円ほどとなった。新型コロナウイルス感染症の影響で、2020年4月以降については店舗の売り上げこそ落ち込んでいるものの、EC サイトを経由した海外からの注文は依然多いそうだ。

出荷管理システムの販売を開始する

現在同社では、ベルトランさんのほか、常勤スタッフ11人、アルバイト３人が働いている。採用については、自社のウェブページで募集するほか、海外の SNS に求人情報を載せることもある。フランス語や英語など、外国語に精通した人を確保するためだ。日本人のほかフランス人やアメリカ人、ルーマニア人など外国籍の人が働いている。また、常勤スタッフのうち３人は海外に在住し、リモートワークで仕事をしている。シンガポールには、EC サイトのカスタマーサービスを担当する人が１人。フランスとポルトガルには、出荷管理システムに携わるプログラマーが１人ずついる。

実は、この出荷管理システムを2018年からインターネット通販を手がける事業者向けに販売している。自社で使うために開発したシステムだったが、これまでにない機能があることから、他社からの需要があると考えた。

システムには大きく三つの機能がある。第１に複数の EC サイトから受けた注文を一手に集約し、発送を簡単に管理できる。第２に、EC サイトに入力された情報を基に、送り状やインボイスの自動作成が可能である。例えば、100件当たり約６時間かかっていた送付状作成の時間は、わずか30分程度ですむ。第３に、商品の発送先や大きさ、重さなどから発送料金を自動で算出し、複数の発送業者の間で料金比較ができる。最初にお茶のECサイトを運営する京都市内の業者へ販売したところ、便利なシステムだと好評を得た。口コミで評判は広まり、商品の発送や管理において、ベルトランさんと同じ悩みをもつ事業者から問い合わせが相次いだ。導入実績はすでに500社を超えている。

もともと同社は、ECサイトを複数の言語で運営し、品数も多かったことから在庫の管理にかなりの時間を要していた。海外向けの送り状作成に手間がかかっていたこともある。こうした作業の負担を軽減しようと、ベルトランさんがスタッフのプログラマーと協力して開発したものだ。

外国人ゆえに注目されることはアドバンテージだと話すベルトランさん。雑誌や新聞などのさまざまなメディアから寄せられる取材に、一つ一つ丁寧に対応する。国内のみならず、故郷のフランスをはじめ世界中から記者がやって来るそうだ。日本の古い文化が根づく街で外国人が弁当箱を販売する。それだけで注目してもらえる。興味をもってもらわなければ、練り上げた販売戦略も生きてこない。ベルトランさんにとって、京都はそれをかなえてくれた街だ。目標は「京都から世界へはばたく企業」になること。実現する日は、そう遠くないだろう。

（髙木 惇矢）

事例５

ビール文化を日本に届ける

（妻のあべさやかさんとともに）

企 業 名：KAMIYAMA BEER PROJECT 合同会社

代 表 者：Sweeney Manus（スウィーニー・マヌス）

出 身 国：アイルランド

来　　日：2016年

創　　業：2018年

従業者数：３人（うち、パート１人）

事業内容：ビール醸造・小売

所 在 地：徳島県名西郡神山町神領字西上角280-1

U R L：https://kamiyamabeer.com

【これまでの歩み】

1979年９月　アイルランドで生まれる

2001年７月　オランダに移住

2008年12月　フリーランス映像制作者になる

2012年４月　アムステルダムで知り合った日本人女性と結婚

2013年８月　徳島県神山町での芸術イベントに妻とともに参加

2016年２月　神山町に移住

2018年７月　現在地にて開業

山のなかの小さな醸造所

徳島県の県庁所在地である徳島市の中心から車で1時間近く、四国山地を分け入った、鮎喰（あくい）川上流に広がる人口約5,000人の神山町に、夫婦で営む小さなビール醸造所がある。オーナーのスウィーニー・マヌスさんは、アイルランド出身。妻のあべさやかさんとともに、オランダからこの地に移住した。

マヌスさんは、アイルランド南東部の地方都市で生まれ、21歳の時に、オランダのアムステルダムに移り住んだ。音響関連の専門学校に通ったあと、イベント会社に就職し、映像制作に携わった。2008年にその会社が倒産し、失業したのをきっかけに、フリーランスの映像制作者としての活動を始める。1年間失業保険が出るため生活は何とかなる。駄目だったら、また会社に勤めればよい。自分を試す良い機会だと考えた。

仕事はうまくいった。勤務時代の経験と人脈のおかげで、美術館や芸術家のプロモーションビデオ、イベントや会議の記録ビデオなど、さまざまな依頼が舞い込んだのだ。2011年からは国連の仕事も引き受けるようになった。南アフリカ、ウガンダ、カンボジア、コロンビアなど、世界各地を飛び回った。

妻のあべさんは、三重県四日市市の出身。東京の美術大学卒業後、アムステルダムの大学に留学し、立体造形や宝飾デザインを学んだ。二人が知り合ったのは、2006年、友人たちとのパーティーの場だった。マヌスさんに国連の仕事が入ると、あべさんもアシスタントとして同行した。一方で、展示会や作品の制作など芸術家として

Kamiyama Beer の醸造所

の活動も、アムステルダムを拠点に行っていた。映像とコラボしたプロジェクトには、マヌスさんが加わることもあった。

芸術イベントをきっかけに移住

二人が神山町を知ることになったきっかけは、アムステルダムに文化庁の仕事で長期滞在していた、ある日本の学芸員と出会ったことだった。神山アーティスト・イン・レジデンスという、３組のアーティストが長期滞在して芸術作品を制作、展示するというイベントがあるという。会場となる神山町はかつて林業で栄え、最盛期の昭和の中ごろには２万人を超える人が住んでいたが、その後は過疎化が進んでいた。それを少しでも食い止めようと1999年に町の有志が始めたのだという。面白そうだと考えた妻のあべさんは、さっそく応募してみることにした。すると、ほどなくして当選の連絡が届いた。

2013年の夏、二人は神山町にやって来た。作品の企画は、地元の人に話を聞いて、それをモチーフにした空間演出と映像を制作するというものだった。イベントは8月中旬から10月中旬までの3カ月間、地域住民で構成された実行委員会が中心となって開催される。参加者には町が所有する教員住宅の空き部屋が提供され、生活のサポートもしてくれる。地域の人たちが制作作業を手伝うこともあり、二人の作品づくりのための取材にも快く応じてくれた。そのおかげで、神山町の人たちに地元産の梅干しを食べてもらって口に入れた瞬間の顔の表情を撮影した映像作品などが生まれ、イベントは無事終了した。

しかし、二人は神山町から離れたくなくなっていた。住民との交流がとても楽しく、静かな山のなかという環境も気に入ったからだ。それからしばらくの間、アムステルダムと神山町を行ったり来たりしながら、国連の仕事や芸術家としての活動を続けることになった。そして2016年2月、アムステルダムにもっていた家は荷物を片付けて賃貸し、神山町に移住して仕事の拠点としたのだ。

地域の人々のサポートで開業

神山町での暮らしにも慣れてきたマヌスさんが、ビールづくりをしようと思い立ったのは、2016年12月、徳島県内のある町のイベントに参加した際に、地ビールの醸造所を見学したのがきっかけだった。オランダには小さな醸造所がたくさんあり、それぞれ独自のビールを味わうことができる。また、ビールの自家醸造の文化もあり、マヌスさんもアムステルダムに住んでいる時には、自宅でビールを醸造していた。自分たちの町にしかないビールを味わう。自分たちでつくったビールを、自分たちで楽しむ。こうした喜びを、地域の人たちと分かち合いたいと考えたのだ。

ビールづくりの原理はわかっていたものの、自家醸造ではせいぜい１回20リットルほどの量しかつくらない。商品として生産するには、基礎からきちんと学ばなければならない。マヌスさんは、ロンドンにあるビール学校のオンラインスクールに入学し、２カ月近く勉強して卒業資格を得た。インターネットで調べた結果、醸造機器はカナダから取り寄せることにした。通常ビール醸造には複数のタンクが必要になるが、これを一つのタンクで行うことのできる最新モデルだ。タンクの容量は200リットル。高さは２メートルほどだが、上からホッパーで原料を投入するため、全体では最低５メートルの天井高が必要となる。また、食品を扱うため、衛生管理ができるように内装もきちんとリノベーションしなければならない。そのため工場の条件に合う物件は、なかなか見つからなかった。

そんなときに助けてくれたのが、イベントで知り合って以来、プライベートでずっと付き合いのあった、地元のオートキャンプ場のオーナーだった。いっそのこと、新しく建てたほうがよいだろうと、キャンプ場に隣接する土地を自ら整地して貸してくれたのだ。

醸造所を建てる時も、地元の大工さんと二人で助けてくれた。建物のデザインはマヌスさんの友人のオランダ人に依頼し、出来上がった図面を妻のあべさんが日本語に翻訳した。建築費を安くあげるため、マヌスさん自身も資材運搬やコンクリート打設など、さま

ホッパーと醸造タンク

ざまな作業に加わった。神戸港に到着したタンクも、みんなの力を借りて神山町まで運び、重機で据え付けた。建築場所は、もともと水道や電気が通っていないところだったので、町役場や電力会社とも交渉が必要だった。電柱を建てようとした時には、近隣の温泉旅館から景観が悪くなるので困るという話があり、急遽ルートを変更した。こうした話し合いも、キャンプ場のオーナーが間に入ってくれたことでスムーズに進めることができたという。ビール醸造所を開設するには、税務署から醸造免許を受けるとともに、保健所の営業許可も必要になる。手続きはかなり面倒だ。そんなときに頼りになったのが、町の商工会だった。そうした案件に詳しい専門家を紹介してくれたのだ。無事検査にも合格して2018年６月にいよいよ醸造を開始、地元住民への説明会やプレオープンイベントでの試飲会などを経て、2018年7月に、Kamiyama Beerは無事オープンを果たした。

新しい地域の味が出来上がる

現在Kamiyama Beerでは、3つの240リットルタンクと700リットルタンク1機で年間9,000リットル近いビールを醸造している。主につくっているのは、Ale（エール）と呼ばれる上面醗酵のタイプだ。さまざまなフレーバーをつけたものも多い。目指しているのは、地元の食材を生かしたビールだ。乾燥した神山イチジクと泥炭で燻製した大麦麦芽を組み合わせた、スモーキーな味わいのCinderella（シンデレラ）、醸造所の庭で採れた地元名産のスダチのジュースが入ったDaydreamer（夢想家）、神山産の完熟梅、赤シソ、小麦を使ったYamayama Kurukuruなど、一年間に10種類近くのユニークなビールがつくられている。ラベルはもちろん、妻のあべさんがデザインしたものだ。

醸造所での店頭販売は土日のみだが売り上げ全体の4割を占める。地元の人だけではなく、県の内外から来た観光客にも人気だという。インターネットでの販売も行っており、ファンは全国に広がっている。また、醸造量の半分は、町内を中心にレストラン、小売店に販売している。JR徳島駅の売店にも置かれているそうだ。

さらにKamiyama Beerでは、神山町ならではの味をみんなで楽しもうと、毎年数回、町内のレストラン、パン屋さん、お菓子屋さんなどに声をかけ、Wonder Markt（オランダ語で不思議な市場）

さまざまな味を楽しめる

と名づけたイベントを醸造所の前で開催している。毎回200人ほどの来場者があり、毎回参加してくれる人も多い。半分が町内から、残りの半分が町外からのお客さんだ。

地域の食材とビールの新しい組み合わせを発見することに、面白さとやりがいを感じているというマヌスさん。町内の多くのレストランでも味わうことができる、彼のつくるビールは、地域の味として定着しつつあるようだ。神山町の人たちも、町の魅力を再発見していることだろう。外国人経営者が、山あいの町に新たな名物を生み出している。

（深沼　光）

事例6

日本の文化をマンガで伝える

（妻の大山麻理さんとともに）

企 業 名：ジャパニメ有限会社

代 表 者：Glenn Kardy（グレン・カーディ）

出 身 国：米　国

来　　日：1995年

創　　業：1998年

従業者数：２人

事業内容：マンガを使用した外国人向け教材の企画・出版

所 在 地：埼玉県川口市西川口3-31-18

U　R　L：http://www.mangauniversity.com

【これまでの歩み】

1965年８月　米国で生まれる

1988年７月　米国・カリフォルニア州の新聞社で勤務

1995年７月　来日後日本の大手新聞社で勤務

1998年２月　法人を設立。埼玉県川口市で玩具店を開業

2000年２月　英語圏向けマンガ教材翻訳出版事業とマンガ用画材のオンライン販売を開始

2004年４月　自社ブランドのマンガ教材を出版

2005年１月　現社屋へ移転

2008年４月　プロのマンガ家による海外向けマンガ通信講座と訪日外国人へのプライベートレッスンの開始

2015年９月　自社ブランド出版物をカテゴリー別にシリーズ化。30 冊を超える

2017年４月　英語でのマンガ教室を開講

2018年４月　国際交流イベント、地元スポーツチームや行政とのタイアップ事業が増加

米国で評価されたマンガ教材

埼玉県川口市にあるジャパニメ㈲は、日本の文化を外国人向けに解説する教材を出版している。マンガをふんだんに使い、わかりやすく説明しているのが特徴である。教材には主に英語が用いられ、読者の多くは米国や英国といった英語圏の国に住む人だ。取り扱うテーマはさまざまで、日本の家庭料理、漢字の成り立ちや書き方、戦国時代の習慣、マンガの描き方など約30種類に及ぶ。

なかでも、日本の食文化を紹介する『Manga Cookbook』は、2007年に米国図書館協会によって若者に読んでほしい推薦図書に選出された。日本の食文化を楽しくわかりやすく学べる教材として高く評価されているそうだ。昔の米国では、日本食の本というと、全ページカラーで分厚くて大きく、リビングルームにただ飾ってあるだけの本だったという。材料も海外では手に入れることが難しく、実際につくることなどできない料理ばかりだったそうだ。どの国でも簡単に手に入る材料を使い、実用的で楽しい料理の本を広めたいと考えたことが、この本を企画するきっかけとなった。

特に力を入れたのが、お弁当のおかずだ。米国では、お弁当といえば、食パンにジャムとピーナッツバターを塗ったサンドイッチを紙袋に入れて持って行くのが一般的だった。しかし日本には、ウサギリンゴ、タコさんウインナー、ヒヨコたまごといった、カラフルでとてもかわいらしいおかずがある。それは、お母さんの「子どもに楽しく残さず食べてもらいたい」という愛情そのもので、これこそ日本の文化だと、グレン・カーディさんは感じたという。

日本の文化を学べるマンガ教材

同社の本は、大手ECサイトに出品しているほか、英語の自社ウェブサイトでも販売している。また、『Manga Cookbook』のように大きな反響があった教材を中心に、米国や英国など海外の書店にも直接卸している。他方、日本の書店での取り扱いはない。

教材の企画は、すべてカーディさんが手がける。マンガやイラストは、プロの日本人クリエーターに依頼している。10人ほどが制作に参加しており、なかには、日本の有名なマンガ雑誌で連載した経験をもつマンガ家もいる。通訳は妻の大山麻理さんの担当だ。登場人物のセリフや解説の文章も、日本人クリエーターと相談しながらカーディさんが書いていく。たんに説明するだけでなく、アーティストとしての感性を大切にしているそうだ。

教材の印刷と製本は、出版当初は日本で行っていたが、現在は米国の企業に外注している。海外で教材を流通させるに当たり、輸送にかかるコストを省くためだ。

新聞記者として来日

カリフォルニア州で生まれたカーディさんは、大学時代からインターンシップとして新聞社で働き、社員と同等に記事を書いていた。その後就職してからは、ニュースの記事執筆、見出し制作、編集のほか、レポーター、ジャーナリストとして経験を積んだ。

来日のきっかけは、米国で日本の新聞社の採用試験があると知ったことだ。英字新聞をグレードアップするために、即戦力となる優秀な人材を確保するためのものだった。米国全土から多数の応募があったなか、カーディさんは見事合格し、東京の新聞社で働くことになった。1995年のことだった。

それから３年後の1998年、カーディさんは新聞社を辞め、妻の実家のある川口市に小さな玩具店をオープンした。当初は、日本でキャリアを積んで米国に帰るつもりだった。しかし、「10年間ジャーナリストとして必死にやってきたので、日本で "New Challenge!" をしたいと思ったのです」とカーディさんは語る。妻にも、「人生は一度だから、やりたいことをやったらいい」と言われ、気持ちがほっとしたそうだ。

学校が終わると子どもたちが店に来て、駄菓子を食べながら、カードゲームをする姿は日本的でとても興味深いものだった。夏休みになると、朝からお弁当と水筒を持参して店に来る子もいた。玩具店は子どものコミュニケーションと憩いの場所となった。このときに地域密着の良さ、地元の良さというものを知ったそうだ。しかし、店を軌道に乗せることは簡単ではなかった。

玩具店から出版事業へ

そのとき、改めて検討を始めたのが、日本に来るずっと前から考えていたビジネスプランだった。米国で人気のある商品を日本に輸出して成功した人の記事を読んだ時から、もし自分が日本に行くことがあったら、いつか日本のポップカルチャーを米国に発信するビジネスをしたいと思っていたのだ。

カーディさんが日本のポップカルチャーの代表である日本スタイルのマンガと初めて出会ったのは、日本に来て新聞社に勤めていた時だ。社内でもトップランクの日本人記者が、日本の歴史や政治を大人向けのマンガで学んだと教えてくれた。カーディさんは、それを聞いてとても驚いた。試しに発行されている書籍を手に入れ、実際に読んでみると、なるほどわかりやすい。米国では、今でこそ日本のマンガが認知されるようになったが、カーディさんが新聞社にいた頃は、マンガといえば子どもの読むものと考えるのが一般的だった。また、主人公が悪の組織を打倒するといった勧善懲悪のストーリーが多く、娯楽の一つとしかとらえられていなかった。日本で大人の教材としてマンガが浸透していることに、新鮮さを感じた。

その記者の話をきっかけに、マンガのようにイラストと文字を使い、わかりやすく物事を説明する日本の習慣にも注目するようになった。例えば、工事現場に掲げられている看板では、「危ない！」という文字とともに険しい顔をする作業着姿の人が描かれていた。こうしたイラストに文字を組み合わせたサインは、日本のあちこちで見ることができた。これらは米国ではなじみのないものであり、日本らしさの一つだと気がついた。マンガは言葉のわからない外国人や漢字の読めない子どもでもわかる。これは素晴らしいもので、これこそ日本の文化と感じた。自分がマンガジャーナリストとなって、世界にマンガを広げたいと思ったのだ。

新しいビジネスを始めるに当たりカーディさんは、マンガを使った教材は米国に住む人にとって新鮮で、注目を集めることができるのではないか考えた。教材のテーマは日本の文化にしようと思い至った。なぜなら、米国で販売されている日本文化の紹介本は、分厚く難解なものばかりだったからだ。マンガで気軽に日本の文化を学べる教材は、新たな需要を生み出すのではないかと感じたのである。教材の制作であれば、新聞記者時代に磨いた文章力や編集スキルを生かすことができる。カーディさんは、2000年に玩具店の一角で自社ブランドのマンガ教材出版の準備を始めた。

玩具店にアルバイトに来ていた友人のイラストレーターに、作画を引き受けてもらい、打ち合わせながら原稿を完成させた。米国の印刷会社と契約を結び、出版に向けた準備を進めていった。こうして計画的にステップを踏みながら、出版プロジェクトは進んでいった。その間、併行して英語圏向けマンガ教材の翻訳出版事業とマンガ用画材のオンライン販売もスタートした。

漢字を学べる教材がヒット

自社ブランドの教材出版の準備を始めて４年後の2004年、ようやく最初の教材である『Kana de Manga』の発行にこぎつけた。

火を解説する『Kanji de Manga』の１ページ

ひらがなとカタカナを学ぶための本だ。なぜひらがなを使うのか、なぜカタカナを使うのかを、イラストを用いて、英語でわかりやすく説明している。次に出版したのは『Kanji de Manga』である。漢字の意味、読み方、書き方をマンガで解説するものだ。教材のなかで登場人物が話すセリフを、日本語と英語で併記する。例えば「火」という漢字の説明では、焼きイモをつくって食べている少年と少女が「たき火(び)でヤキイモよね！」というセリフとともに描かれている。漢字には日本語のルビを振り、“Roasting sweet potatoes on an open fire!” という英文訳が添えられている。取り上げる漢字は、日本の小学校で学ぶような基礎的なものとした。学習の入門書として位置づけたためだ。

マンガの『Kanji de Manga』は米国や英国で評判となった。なかでも、日本語能力試験を受ける人から「わかりやすいうえに楽しく漢字を学べる」との声が数多く寄せられた。日本語能力試験は、日本語を母語としない人に向けた日本語の検定試験で、国際交流基金と日本国際教育協会が主催している。日本語の検定試験としては世界最大規模であり、海外でも受験することができる。とりわけ、初級レベルの試験を受ける人から支持された。その後、四字熟語や擬音語・擬態語などの本も出版した。

こうした反響を受けて『Kanji de Manga』はシリーズ化し、2008年の間に第６巻まで発行された。2005年からは、欧州での販売を進めるために、オランダ語やスウェーデン語など、約10カ国語に翻訳した。海外での展示会に積極的に出展したこともあって、これまでの販売実績は、全巻合計で50万部にのぼる。この最初の企画の成功によって、出版事業は軌道に乗った。

教育を柱に事業を展開

現在の社屋は、料亭を改装した建物だ。日本文化の教材をつくるからには日本らしさが感じられる場所で仕事をしようと、2005年から本社として利用している。２階が事務所とマンガ教室用のスペースだ。

マンガ教室は、教材の出版を通じて教育の仕事に関心をもったカーディさんが、新たな事業の柱にしようと講師を招いて始めたものだ。教室は英語で開かれており、マンガが好きな外国人向けである。オンライン講座も開いている。オンライン講座は海外にいながら日本のマンガの技法を学べると、主に米国からの利用者に注目された。生徒数は増えつつあったが、新型コロナウイルスの感染拡大により対面の授業が困難になってしまった。しかし、オンライン講座に絞って現在も継続している。

新聞社で会社員として働くよりも、経営者としてビジネスを続けるほうが大変だったというカーディさんだが、それだけにやりがいを強く感じるそうだ。15年ほど前から、海外の大学からの依頼で研修生やホームステイの受け入れをしているが、その生徒たちが『Kana de Manga』や『Kanji de Manga』で日本語を学んだ話を聞くたびに、本を出して本当によかったと思うという。カーディさんの教材で学んだ海外の人が、今度は日本文化の新たな発信者となる。近い将来、こうした連鎖が生まれていくのかもしれない。

世界を相手にビジネスを展開する一方で、カーディさんは、川口という地域をとても愛している。2019年には川口市消防局のキャラクターづくりにも協力するなど、地域に貢献するための活動も活発に行っている。

今、カーディさんは次の "New Challenge!" を探しているという。どんな新しいビジネスが生まれてくるのかが楽しみだ。

（髙木 惇矢）

事例7

包丁のコンシェルジュ

企 業 名：中川ジャパン株式会社

代 表 者：Bjorn Heiberg（ビョン・ハイバーグ）

出 身 国：カナダ

来　　日：1992年

創　　業：2011年

従業者数：24人

事業内容：包丁の販売

所 在 地：大阪府大阪市浪速区恵美須東1-4-1

U　R　L：https://www.towerknives.com

【これまでの歩み】

1969年６月	カナダのオンタリオ州で生まれデンマークで育つ
1992年11月	ワーキングホリデーを利用して来日
2003年10月	堺市の刃物メーカーで仕事を始める
2011年１月	大阪市浪速区に大阪店を開業
2012年11月	法人を設立する
2015年７月	東京都墨田区に東京店を開業
2016年12月	大阪市浪速区に刃物工房を開設

豊富な知識と品ぞろえ

カナダ出身、デンマーク育ちのビョン・ハイバーグさんが社長を務める中川ジャパン株式会社は、大阪に２店舗と東京に１店舗の包丁専門店「タワーナイブズ」を運営している。国内外を問わずお客さんは絶えない。

一口に包丁といっても、さまざまなタイプがある。何を切るにも使いやすく三徳（文化）包丁とも呼ばれる万能包丁が家庭では一般的だが、ほかにも魚をさばくのに適した出刃包丁、刺身を薄く切るのに使われる柳葉包丁、野菜を刻みやすい菜切り包丁など、食材に合わせて形状の異なる包丁がある。大きさの違いや、鋼やステンレスなど材質の違いにより、さらにバリエーションは多くなる。タワーナイブズでは、こうしたさまざまなタイプの包丁を取りそろえている。その中心は、堺打刃物、三木刃物、関刃物、土佐打刃物などで知られる、日本の伝統的なスタイルの包丁だ。現在15人ほどの日本各地の包丁職人から仕入れており、商品の種類は450を超えている。

価格帯も幅広いが、家庭用の包丁は単価１万円から２万円のものが売れ筋だ。包丁は定期的に研ぐことで、切れ味が維持され長持ちする。しかし家庭ではきちんと研ぐことは難しいという人もいる。そこで、タワーナイブズでは研ぎ直しのサービスも行っている。他店で購入したものであっても研ぎ直してもらえるそうだ。さらに、店頭のみならず配送での依頼にも対応しており利便性が高い。

一般的に、包丁を目にするのはホームセンターやキッチン雑貨店

大阪刃物工房

などが多い。安価な包丁の多くは量産品で、日本の伝統的な製法でつくられた包丁は価格が高く、押されがちだ。せっかく職人が良い包丁をつくっても手に取ってもらいにくい状況である。ハイバーグさんはまず、お客さんに包丁を理解してもらうことが大切だと考えている。お客さんには切れ味や丈夫さなどの品質、包丁の製作工程や職人の情報などの背景を伝える。一方的に説明するだけではない。普段どのような料理をするのか、よく使う食材は何なのかなどの会話を通じて、その人に合った包丁を提案していくのだ。

さまざまな包丁が並ぶのを見て、店にふらっと立ち寄る人も多い。陳列された商品を見ているお客さんに、ハイバーグさんが軽妙な関西弁で話しかけ、トマトやニンジンなどの野菜を置いた実演ブースに案内する。そこで、普段使っているだろうあまり研いでいない包丁と、切れ味の良い包丁で、それぞれトマトを切ってもらう。トマトは柔らかく、切れ味が悪い包丁では実が崩れてしまう。一方、切れ味の良い包丁でトマトを切ると滑らかに刃が通り、断面もきれいに仕上がる。毎日料理をする人でも、改めて包丁選びの大切さに気がつき、つい購入したくなるのだ。

職人の姿を見せる

タワーナイブズは、大阪市浪速区の観光地、新世界の一角で創業した。新世界はさまざまな商店が所狭しと並ぶエリアだ。JR大阪環状線や、地下鉄御堂筋線、堺筋線の駅が近く、交通の便も良い。ハイバーグさんは、人と人とのつながりのある、まさに大阪のイメージそのものの場所だという。

タワーナイブズ大阪刃物工房には、販売スペースの奥に工房がある。開業当初の場所から少し離れたところに新たに開設したものだ。新型コロナウイルス感染症拡大防止の観点から一時中止しているが、通常は包丁の製作や修理など、刃物の産地から招いた職人による緻密な作業の様子を工房で公開しており、来店するお客さんにとって大きな魅力の一つになっている。

職人にとっても包丁を使う人の顔が見えるこの工房は魅力的だ。包丁職人は、卸売業者と接することはあっても、自分がつくった包丁を使う人に会うことはほとんどない。しかし、タワーナイブズの工房で作業をしていると、お客さんが食い入るように見てくれる。自分がつくった包丁を喜んで買っていってくれる光景を目にすることもある。何人かいる職人のなかに、週に1回来てくれているベテランの堺の包丁職人がいる。工房に通う前は、70歳を迎えたら引退しようと考えていた。ところがハイバーグさんに頼まれて工房に

職人の作業の様子

来るうちに、お客さんの反応が励みになり、もう少し職人を続けてみようと考え直したそうだ。衰退する一方だと思っていた日本の伝統的な包丁の将来にも希望を抱くようになった。以前は弟子をとっていなかったが、今では10歳代から30歳代まで４人の弟子を抱え、自分のもつ技術を次の世代に伝えようと頑張っているという。

人情に感動し大阪へ

ハイバーグさんが日本に来たのは学生時代のこと。ワーキングホリデーを利用しての来日だった。当初は東京に住み、英会話講師をしていた。その合間に日本中を旅行したが、あるとき、大阪で野宿することになった。今でこそ日本語が堪能だが、当時はまったく話せず、泊まるところを見つけられなかったのだ。すると、通りがかりの人に優しく声をかけてもらったそうだ。よそから来た人でも困っていたら助けてくれる。ハイバーグさんは、大阪の人情に感動したという。それがきっかけとなり、大阪に引っ越すことにした。そして運命の出会いを果たすことになる。

大阪に移り住み、貿易会社で仕事を始めたハイバーグさんは、商談で堺市の刃物メーカーを訪ねた。そこでハイバーグさんは、「うちで働かないか」と誘われた。この会社では、国内での包丁の需要が落ち込むなか、ヨーロッパをはじめとした国外の需要の高まりを受けて、本格的に乗り出す輸出業務の担当者を探していたという。帰りにもらった堺の包丁を使ってみると、驚くほどの切れ味で、食材を切った断面も滑らかだった。実は、ハイバーグさんは田舎育ち。斧（おの）、鉈（なた）、ナイフなどの刃物をよく使っていたそうだ。日本製の刃物は切れ味が良く、作業がはかどったことを改めて思い出した。これも何かの縁と思い、転職を決意した。

転職先では初め輸出業務を担当したが、そのうち自社ブランドの企画や外注先の調整などを任されるようになっていった。職人のもとに赴き、商品の企画について話をするうちに、製作現場も見せてくれるようになった。なかなか取引先を作業場に入れてくれることはないそうだ。ハイバーグさんは、職人たちが真剣に製作に打ち込む姿を見て、日本製の包丁の魅力にさらに取りつかれていった。

こうして10年近く勤めるうちに、包丁の知識や語学力を生かして、自分のやり方で包丁のもつ魅力をもっと消費者に伝えたいと思うようになっていった。日本各地には優れた包丁職人がたくさんいる。開業すれば、思いどおりの品ぞろえを実現できる。これまで知り合った包丁職人たちは、仕入先として協力してくれるという。お世話になった勤務先の後押しもあった。ハイバーグさんは満を持

タワーナイブズ東京店

して、2011年１月にショールームを開設し、翌年11月に法人を立ち上げた。

包丁の良さを広める

タワーナイブズを訪れたお客さんのなかには、リピーターが大勢いる。なぜならハイバーグさんの提案を受け、一本買ってみて包丁の良さを知り、用途別に買いに来るからだ。お礼のメールをもらうこともたびたびある。流暢な関西弁を操る外国人が包丁を売っているというめずらしさが話題となり､徐々に店の知名度は高まっていった。その後、東京都墨田区にある商業施設から出店の誘いを受けると、早くも創業から３年後の2015年に、タワーナイブズ東京店を開設した。

包丁の魅力を顧客に伝えるために、従業員の教育には力を入れている。接客のスキルはもちろんだが、徹底的に包丁の知識を吸収させるのだ。最初はハイバーグさん自身が教えていたが、今では後輩を指導できる従業員も育ってきている。ある従業員は、元料理人で、包丁を知り尽くしているつもりだったが、同社に就職してより深く包丁のことを知ったという。ヨーロッパの包丁専門店で５年間勤務したのち、同社に入社したデンマーク人の従業員もいる。インターネットで同社のことを知り、ぜひ入社したいと日本にやって来た。将来は販売するだけではなくメンテナンスも対応できる自分の店舗を開設したいそうだ。現在は接客の合間、職人から包丁研ぎの指導を受けている。

店には外国人客が来ることも多い。そのため、さまざまな言語で対応できるよう、従業員の多くは２か国語以上話せる。また、従業員の国籍はバラエティに富んでおり、日本人のほかに、デンマーク人、アメリカ人、スリランカ人、台湾人がいるそうだ。現在、日本語や英語はもちろん、デンマーク語、フランス語、中国語など多くの言語で、正確に包丁の魅力を伝えている。

新聞やテレビなど、さまざまな媒体にも取り上げられている。ハイバーグさんは、取材には積極的に応じている。それは、より多くの人に包丁の良さを知ってもらいたいからだ。従業員とともに店頭で丁寧に説明しているが、伝えられる人数には限りがある。テレビや雑誌なら、一度に何万人もの人々に伝えることができる。

新型コロナウイルスの感染拡大によって観光客が減少し、同社も少なからず影響を受けた。しかし、その間にも、東京や横浜の商業施設で、期間限定の店を出したり、輸出の準備を行ったりと、ハイバーグさんは積極的に動いている。

日本やドイツなどの大手刃物メーカーでは、コストダウンのために賃金が安い国外の工場での生産が多くなっているという。その影響もあり、国内の包丁職人は減っているそうだ。包丁の伝統を必ず残していきたいと、ハイバーグさんは語る。これからも、包丁のコンシェルジュとして、ファンを増やし伝統をつないでいくだろう。

（西山 聡志）

事例8

異国の地で起業家精神を発揮する

企 業 名：有限会社 Avanco International

代 表 者：Chukwuma Andrew Paul
（シュクマ・アンドリュー・ポール）

出 身 国：ナイジェリア

来　 日：1997年

創　 業：2000年

従業者数：２人

事業内容：中古自動二輪車、中古発電機などの輸出

所 在 地：埼玉県熊谷市武体106-1

【これまでの歩み】

1971年７月　ナイジェリアで生まれる

1987年４月　親戚が営む生地店へ就職

1991年４月　ナイジェリアのラゴスで生地の小売店を始める

1997年９月　来日して群馬県高崎市の工場で勤務

2000年７月　埼玉県熊谷市でジュエリーの露店販売を開始

2001年12月　熊谷市で衣料品店を開く

2011年11月　中古自動二輪車の輸出事業を開始

2012年３月　衣料品店を閉店

９月　現在地へ移転し輸出事業に専念

ナイジェリアへ中古機械を輸出

㈲Avanco International は、埼玉県熊谷市で中古機械の輸出を手がけている。小型の自動二輪車、軽トラックやバンといった車両、電源のないところで溶接作業をするためのエンジン溶接機、小型船舶の船外機、建設現場で使用する発電機など、扱う商品は多岐にわたる。社長のシュクマ・アンドリュー・ポールさんの母国であるナイジェリアが主な輸出先だ。１カ月に２回のペースでコンテナに商品を積み込み、船便で送っている。ナイジェリアに届くまでの日数は、およそ90日である。

販売先は、シュクマさんの２人の兄がそれぞれ営んでいる小売店だ。長兄は自動車を販売しており、次兄はエンジン溶接機と発電機を扱っている。どちらの店も、ナイジェリア最大の経済都市、人口およそ1,300万人のラゴスに所在している。最も売れ行きの良い商品は小型の自動二輪車だ。１回の発送で最大約270台の自動二輪車が届けられるが、わずか１週間で長兄が売り切ってしまうのだという。

仕入先は、全国各地に点在する。仕入先の担当者が良い商品を見つけると、その情報をメッセンジャーアプリでシュクマさんに伝えてくれる。売れそうだと判断した商品については、シュクマさんが自ら先方に赴き、状態をチェックしたうえで仕入れるかどうかを決めている。

ナイジェリアでは、日本のメーカーがつくった機械の人気が高い。壊れにくく、長持ちするためだ。同社で扱っている商品もほとんどが日本のメーカー製である。

出荷を待つ自動二輪車

持ち前の向上心で来日

シュクマさんは、ナイジェリア南部のイモ州の出身である。高校を中退し、16歳の時に親戚がラゴスで営む生地店に就職した。ナイジェリアでは、いわゆる徒弟制が今も根づいている。起業を志す若者は、先輩経営者のところへ弟子入りして技術や経営のノウハウを学ぶ。一人前と認められると、その経営者から資金援助を受け、自分の店がもてるようになるのだ。ビジネスでの成功を夢見たシュクマさんは500キロメートル以上離れたラゴスへ移り住み、仕事に没頭したという。

親戚の店で４年間働き、1992年に念願であった独立を果たした。ラゴスで生地の小売店をオープンしたのだ。もともと生地店で修業していたこともあり、事業はすぐに軌道に乗せることができた。

しかし、シュクマさんはナイジェリアでビジネスを続けることに難しさを感じていた。政情が不安定だったためだ。1960年の独立以降、ナイジェリアでは共和制と軍事政権とがたびたび入れ替わっていた。軍事クーデターも何度か発生しており、決して治安が良いとはいえない。もっと大きなビジネスをするためには、環境を変える必要がある。そう考えたシュクマさんは、外国で新たに事業を起そうと決意した。

移り住む先として、真っ先に思い浮んだのは日本だった。ナイジェリアでは日本製の自動二輪車や灯油ランプが普及しており、シュクマさんも日常的に使っていた。日本の製品は使いやすいうえに丈夫で、レベルの高いものづくりの国として大いに好感をもっていた。治安も非常に良く、腰を据えてビジネスに取り組めそうな場所だと考えた。日本に興味があると父に話を切り出すと、神奈川県横浜市に住む知り合いのナイジェリア人を紹介してくれた。1997年にシュクマさんは来日し、その知人と生活することになった。その後は、知人から紹介された群馬県高崎市の電気機械部品工場で働いた。

熊谷市での出会いが創業に結びつく

高崎市で仕事をしながら、シュクマさんはJR高崎線で１時間ほどの距離にある熊谷市のバーに、たびたび足を運んでいた。日本人とナイジェリア人が共同経営していた店で、日本人やナイジェリア人だけではなく、さまざまな国の人たちが集まっていた。

いつかは日本でビジネスを起したいとバーに来た友人たちの前で話していたところ、熊谷駅の近くで事業を営むイスラエル人の経営者が声をかけてくれた。営業が終わったあとであれば、店の前を露店用のスペースとして貸してもよいというのだ。熊谷駅は新幹線の停車駅でもあり、駅前は人通りも多い。ビジネスを始めるにはうってつけの場所だと考えたシュクマさんは、工場をやめて2000年に露店でジュエリーの販売を始めた。仕入先は友人たちを頼って確保し、商品のディスプレーに必要なアイテムはホームセンターで購入した。そのころ結婚した日本人の妻には、事業をするうえで必要な書類の手続きをサポートしてもらった。

１年ほどジュエリーを販売してビジネスへの自信がついてきたシュクマさんは、自分の店をもちたいと思うようになった。とはいえ、店を構えるとなると先立つ資金が必要になる。そこで、友人である行きつけのバーの経営者に相談したところ、店の利益の50％を譲る条件で、出店にかかる費用を半分出すという提案を受けた。共同経営である。またとない機会だと考えたシュクマさんはそれを受け入れ、2001年３月、熊谷駅近くのビルの一室を借りて店をオープンした。

販売する商品は、当時流行していたヒップホップスタイルの衣料品にした。もともとシュクマさんはヒップホップスタイルの洋服が好きで、着こなしには自信があった。バーの友人たちからファッションをほめられることがよくあり、日本人にも自分のセンスが通じると考えた。ナイジェリアで販売の仕事をしていた経験が生かせる事業でもあった。

店を開くに当たり、内装工事はバーの常連客だった日本人の大工さんにお願いした。格安で引き受けてもらえたため、初期投資を抑えることができた。

輸出業務で活路を見出す

流行に乗って、店はすぐに評判となった。2002年には共同経営をやめて独立することになり、熊谷駅からほど近い別のビルへ店を移した。移転後も売り上げは順調に伸びたことから、多店舗展開を決め、一時は熊谷駅周辺に３店舗を構えるまでに事業は拡大した。

ところが、衣料品はトレンドの移り変わりが激しく、2010年ごろからヒップホップスタイルの衣料品が売れなくなってしまった。将来に不安を感じたシュクマさんは、新たなビジネスのヒントを得るため、ナイジェリア人が日本で経営する企業の情報を集めた。すると、日本のオーディオ機器をナイジェリアへ輸出している千葉県の会社が、成功を収めていることを知った。貿易業務に関心をもったシュクマさんは、その企業の社長にお願いし、仕事を手伝うことにした。衣料品店の経営をしながらの勤務は大変だったそうだが、輸出に関するノウハウを身につけることができた。

次に手がけるビジネスは、ナイジェリア向けの自動二輪車の輸出だ。シュクマさんがそう考えたのは、愛知県で貿易業を営む知人から、ナイジェリアで日本製自動二輪車の需要が以前にも増して伸びていると聞いたからだ。2011年11月、試しに中古の自動二輪車を長兄のもとへ輸出したところ、あっという間に売り切れたとの知らせを受けた。事業としてやっていける確信をもったシュクマさん

ナイジェリアに到着した発電機

は、思い切って衣料品店をすべて閉店し、本格的に輸出業務を始めようと決心した。数百台の自動二輪車を置ける現在の車両置き場を借りたのは、2012年９月のことだった。

事業の転換に当たり、日本語で書かなければいけない書類の作成は妻が手伝ってくれた。来日して15年が経ち、日本語の会話には堪能になっていたシュクマさんだが、難しい用語を使った書類の読み書きについては手間取ることが多かった。妻のサポートはとても力になったそうだ。

起業家としての夢は大きく

自動二輪車以外の商品も扱うようになり、輸出業務は着実に成長した。ところが、2020年からの新型コロナウイルス感染症の影響により、売り上げはやや落ち込んでしまっているそうである。ナイ

中古車の人気も高まっている

ジェリアでは外出できる時間が制限され、経済活動も停滞してしまったためである。とはいえ、ナイジェリアでは、日本のメーカー製の機械は需要が旺盛である。コロナ禍が収束すれば、再び売り上げは増加基調になるとシュクマさんは見込んでいる。

最近では、タイやネパールなどアジア諸国に中古機械を輸出する業者が、シュクマさんのところをよく訪ねてくるようになったのだそうだ。実際に取引に結びつくケースも出てきており、ゆくゆくはナイジェリアだけではなくアジアにも商圏を広げたい考えだ。

事業は拡大しているものの、役員である妻以外に常時シュクマさんと働いている人はいない。コンテナに商品を積み込むときだけ、ナイジェリア人のアルバイトを雇用している。メッセンジャーアプリで、アルバイトとして働いてくれる仲間のグループをつくり、繁忙期になると呼びかけをする。都合のつく人がシュクマさんにメッセージを送り、出勤するという仕組みになっている。日本に住むナイジェリア人のサポートは、シュクマさんのビジネスにとって切っても切り離せないものになっている。

日本の金融機関からも、継続的に支援を受けている。融資の規模も少しずつ大きくなり、シュクマさんは対外的な信用力の高まりを実感しているそうだ。これからの意気込みを尋ねると「心は常にファイター。サポートしてくれる人とともに新しいことに挑戦し、事業を大きくしたい」と話してくれた。ビジネスを成功させたいとナイジェリアで夢を抱いて、30年以上が経った。異国の地に住むも、その夢は変わらない。実現に向かってシュクマさんは今日も走り続ける。

(髙木 惇矢)

外国人起業家へのヒアリングを振り返って

第２章では、外国人の経営する中小企業を８社紹介した。事例企業の概要については、以下の表のとおりである。各企業の経営者はすべて自ら事業をスタートしており、外国人経営者のなかでも特に「外国人起業家」として取り上げるのにふさわしい存在である。各事例では、事業の内容とともに、それぞれの起業家のパーソナルヒストリーに注目した。来日の経緯、なぜ日本で開業することを決意

表　事例企業の概要

番号	企業名	所在地	事業内容	代表者	出身国	来日年	創業年
1	つくばテクノロジー㈱	茨城県つくば市	非破壊検査装置の研究・開発・製造	王　波	中　国	1993年	2005年
2	㈱MONOHA	京都府京都市上京区	日本の伝統文様を使った和装を中心としたデザイン・企画	ラッチャタ・スワンシン	タ　イ	2008年	2019年
3	RAYAN INTERNATIONAL(同)	群馬県邑楽郡大泉町	ハラール食材の販売、インド料理店	ホサイン・エムデ・ルベル	バングラデシュ	2008年	2016年
4	㈱BERTRAND	京都府京都市中京区	弁当箱の販売、出荷管理システムの開発・販売	トマ・ベルトラン	フランス	2003年	2008年
5	KAMIYAMA BEER PROJECT(同)	徳島県名西郡神山町	ビール醸造・小売	スウィーニー・マヌス	アイルランド	2016年	2018年
6	ジャパニメ㈲	埼玉県川口市	日本文化に関する外国人向けマンガ教材の企画・出版	グレン・カーディ	米　国	1995年	1998年
7	中川ジャパン㈱	大阪府大阪市浪速区	包丁の販売	ビョン・ハイバーグ	カナダ	1992年	2011年
8	㈲Avanco International	埼玉県熊谷市	中古自動二輪車、中古発電機などの輸出	シュクマ・アンドリュー・ポール	ナイジェリア	1997年	2000年

（敬称略）

したのか、開業時や開業後にどのような苦労があり、それをどのように克服してきたのかなどについて、できるだけ詳しく記述したつもりである。

ヒアリングは2020年９月から12月にかけて、直接店舗や事務所を訪問して実施した[1]。会話は主に日本語で行ったが、多くの経営者が英語を話すことができたため、一部補助的に英語を使用した。出身国は、中国、タイ、バングラデシュ、フランス、アイルランド、米国、カナダ、ナイジェリアと多岐にわたる。カナダで生まれてデンマークで育ったビョン・ハイバーグさん（事例７）や、アイルランドから大学進学をきっかけにベルギーに移ったスウィーニー・マヌスさん（事例５）のように、日本に来る前に複数の国に住んだケースもあった。

意図的にさまざまな業種を選んだということもあるが、その事業内容も多種多様であった。まず気がついたのは、㈱MONOHAの西陣織（事例２）、㈱BERTRANDの弁当箱（事例４）、ジャパニメ㈲のマンガ（事例６）、中川ジャパン㈱の包丁（事例７）と、日本の伝統や文化に根差した商品・サービスを取り扱うケースが多数みられたことだ。こうした企業は、日本に来る外国人や海外にも市場を見出しており、日本の伝統や文化を世界に広めていくことに一役買っているといえるだろう。そうした日本独特の商品・サービスについて、日本人にも改めてその良さを教えてくれるような例もあったことは興味深い。また、㈲Avanco International（事例８）は、古くなっても高い性能が維持されることに注目し、日本メー

1　㈱BERTRANDのトマ・ベルトランさんは店舗取材時には不在だったため、後日ウェブインタビューを実施した。

カー製の中古の二輪車や機械を出身国に輸出している。これも日本独特の商品の取り扱いといえなくはないだろう。

一方、出身国に関連した商品・サービスを提供するケースもあった。RAYAN INTERNATIONAL ㈷（事例３）では、経営者のホサイン・エムデ・ルベルさんの出身地であるバングラデシュに多いイスラム教徒のために、ハラール食材を販売している。また、バングラデシュ料理と味付けや食材に共通点の多いインド料理の提供にも挑戦中だ。KAMIYAMA BEER PROJECT ㈷（事例５）は、経営者のスウィーニー・マヌスさんが生まれ育ったヨーロッパでポピュラーな小規模な醸造所で、地域に根差したビールの製造を行っている。こうした企業は、日本に住む出身国や同一文化圏の人たちに対して、母国ならではの商品・サービスを提供するだけではなく、日本人にもその良さを伝えていくという役割を果たしているようだ。

各事例のなかで、つくばテクノロジー㈱（事例１）はやや異色である。経営者の王波さんは中国出身ではあるが、国籍には関係なく優秀な技術者を集めているという。必要な人材を集めることができること、関連する研究機関や企業が多数存在することなど、非常に高度な機器を製造できるバックグラウンドが日本にあったことが、成功の一つの要因であろう。日本企業として成長したいとも語る王波さんのような外国人起業家が増えていくことは、日本の国際競争力向上や経済活性化にもつながっていくだろう。

続いて外国人起業家の来日の経緯を整理すると、雇われて仕事をするために来日したグループ（事例３、事例６、事例８）と、留学後に日本で就職したグループ（事例１、事例２、事例４）に、大きく分けられる。ワーキングホリデーのあとに日本で働くようになったビョン・ハイバーグさん（事例７）も、前者に入れてよいかもしれない。また、トマ・ベルトランさん（事例４）は、留学を終えたあとにワーキングホリデーを行っている。一方、スウィーニー・マヌスさん（事例５）は、もともと芸術イベントに参加して訪れた町が気に入り、短期滞在を繰り返すうちに移住しており、ほかの事例とは、少し違っている。

異国で事業をスタートするということで、創業の過程やその後の事業展開の場面で、思わぬ苦労もあったようだが、各事例ともさまざまな支援を受けながら課題を乗り切っていることもうかがえた。㈲Avanco International（事例８）では、難しい用語の多い日本語の書類作成を、日本人である妻が手伝った。RAYAN INTERNATIONAL㈾（事例３）では、バングラデシュ人をはじめとする友人たちが事業立ち上げにさまざまな面で協力している。税理士や保健所も積極的に支援してくれた。㈱MONOHA（事例２）は、地域金融機関や西陣織業界のサポートを受けている。KAMIYAMA BEER PROJECT㈾（事例５）は、町役場や地元の人たちが強く後押ししてくれた。このように、日本人のパートナー、地域の人たち、友人・知人、出身国のコミュニティー、金融機関や公的機関の担当者など、多くの人からサポートを受けながら、ビジネスを進めていることは印象深い。逆にみれば、このようなサポートがあったからこそ、事業に成功しているともいえる。こうした事実は、日本で事業経営を目指す外国人が、必要な支援を受けることができるようにすることが重要であると示唆しているといえよう。

各事例を通して、外国人起業家の事業展開は総じて積極的という印象をもった。非破壊検査装置の製造を行っているつくばテクノロジー㈱（事例１）は、最新のハイテク技術を製品に取り入れていくことに余念がない。西陣織を使った斬新なデザインの帯やネクタイを製造している㈱MONOHA（事例２）は、伝統を大切にしながらも、新しい表現方法を常に模索している。RAYAN INTERNATIONAL㈴（事例３）は、顧客のニーズに対応して販売するハラール食材の品ぞろえの充実を図るとともに、レストランへの多角化も進めている。㈱BERTRAND（事例４）は、もともとの弁当箱の販売に加え、自社の商品発送のためのシステムから派生させて、新たに発送管理ソフトウエアの販売を開始している。山のなかの小さな町でビール醸造所を運営するKAMIYAMA BEER PROJECT㈴（事例５）は、地元徳島の食材を取り入れた新製品を次々に発売し、地域の振興にも一役買っている。ジャパニメ㈲（事例６）は、最初に玩具店を始めたあと、出版事業に乗り出してマンガで日本文化を紹介する本を海外で発売した。その後もマンガ教室など新しい商品・サービスの提供に次々に踏み切っている。包丁を販売する中川ジャパン㈱（事例７）は、東京と大阪にある店舗やイベント会場などで包丁について詳しく説明するとともに、経営者自身がマスコミに積極的に登場し、日本伝統の包丁の良さを広めようと活動している。㈲Avanco International（事例８）は、一時はうまくいっていたアパレル小売店の先行きが不安になったことをきっかけに、中古の自動二輪車や発電機などを出身国のナイジェリアに輸出するビジネスに思い切って転換し、再び成功を収めた。

このように、今回のヒアリングを通じて、バラエティに富んだ、そしてダイナミックな外国人起業家の活躍する姿をみることができた。そのなかで、新しく始めた事業が、地域の経済、ひいては日本の経済の活性化に貢献していることもうかがえた。また、日本の文化や慣習を尊重し、大切にしていることもみてとれた。多くの外国人起業家が日本でのビジネスと生活に満足し、今後も日本で事業を続けていきたいと語っている。こうした日本を愛してくれている外国人起業家が、今後も日本で活躍していくことを祈りたい。

第3章

在日外国商工会議所の活動

日本政策金融公庫総合研究所
研究主幹　　　深沼　光
主任研究員　　山口 洋平

1　はじめに

本章では、在日外国商工会議所が外国人のビジネス活動への支援に果たす役割について、インタビューを基に整理する[1]。在日外国商工会議所とは、日本でビジネスを行う外国企業、外国人によって組織される会員制の経済団体の総称であり、現在37の団体が存在している。

後述するとおり、在日外国商工会議所は外国人が日本でビジネスを行うために必要な情報などを求め、頼りとする組織の一つである。取引先や人材確保のためのネットワーキングの機会の提供、税理士・弁護士・コンサルタント等の専門家、行政機関の窓口の紹介など、外国人が日本でビジネスを行う際の仲介役としての機能をもっており、起業を含む外国人のビジネス活動を支えるうえで一定の役割を果たしていると考えられる。だが、その長い歴史にもかかわらず、在日外国商工会議所の活動内容は、一般にはあまり知られてこなかった。

本章の構成は以下のとおりである。第２節では在日外国商工会議所の定義、第３節では在日外国商工会議所の運営、第４節では在日商工会議所の活動を説明する。第５節では、代表的な五つの在日外国商工会議所へのインタビューの結果を紹介する。第６節はまとめであり、インタビューからみえた在日外国商工会議所の役割や抱える課題を整理する。

1　以下では後述する日本商工会議所のホームページの記載に合わせ、「在日外国商工会議所」という名称を用いる。ただし、37団体のなかには「商工会議所」以外の名称を用いる組織も存在する。

2　在日外国商工会議所の定義

日本商工会議所のホームページには「在日外国商工会議所リスト」として37の団体が掲載されている[2]。現在、ヨーロッパ地域からは22の団体が、アジア地域からは九つの団体が組織されており、これら二つの地域の団体が在日外国商工会議所の８割以上を占めている。北米地域、南米地域、アフリカ地域、オセアニア地域などの団体もあるが、数としては少ない。

37の団体の多くは、商工会議所法の第３条第２項に基づき、経済産業省から「商工会議所」の名称使用の認可を受けた団体である。しかし、その組織形態は一様ではない。一般社団法人や公益財団法人として活動する団体のほか、後述する在日印度商業会議所のように、非営利法人として活動する団体も存在する。この点で、商工会議所法の下で法人格を一律に定められている国内の商工会議所とは異なる。

活動目的も一様ではない。多くの団体は活動目的として、本国企業、本国出身者の日本でのビジネス活動の支援を掲げているが、なかには本国とかかわりのある日本人を主な会員とする団体や、在日２世、３世の支援を主な活動目的とする団体もある。また、ほとんどの団体は会費によって運営される民間経済団体であるが、なかには本国政府の職員が要職に就くなど、本国の政治とかかわりが強い団体もある。本章では、本国企業、本国出身者の支援を主な目的とする民間団体としての在日外国商工会議所の活動を中心に取り上げる。

2　https://www.jcci.or.jp/international/foreign-cci.html 参照。

3　在日外国商工会議所の運営

在日外国商工会議所の会員の多くは法人である。法人会員は大きく①本国出身者が立ち上げた日本法人、②本国企業の日本支社、③本国のビジネスと関連をもつ日本企業の三つに分かれる。アジア地域のように、すでに日本に多くの定住者がいる国の商工会議所では①の会員の割合が高くなるが、それ以外の地域では②、③の会員の割合が高い傾向にある。また、会員の企業規模も地域によって異なる。ヨーロッパ地域の商工会議所は大企業の割合が比較的高い。一方、アジア地域の商工会議所は、会員の多くが①本国出身者が立ち上げた日本法人であるため、中小企業の割合が高くなる。

次に、個人会員は、④本国企業の日本支社に勤める本国出身者、⑤日本で個人事業を行う本国出身者が中心である。ただし、将来日本での就職や起業を考えている本国出身者を個人会員として迎えている商工会議所もある。いずれにせよ、法人会員と比較すると個人会員の割合は低く、多くの団体の場合、１割から２割程度である。

大半の在日外国商工会議所では、会員企業から選出された理事による理事会が組織全体の運営方針を決定する。一方、実務的な運営は事務局の常勤職員によって行われている場合が多い。一般的な在日外国商工会議所は、事務局に２名から５名程度の常勤職員がおり、理事会の運営補助、会員の勧誘、イベント・講演会の開催といった事務全般を取り仕切っている。ただし、なかには数十名の常勤スタッフを抱える大規模な商工会議所も存在する。こうした大規模商工会議所では、事務局内の専任の職員がコンサルティングや人材紹介サービスといった会員企業向けのビジネスサポートを提供している場合もある。また例外的ではあるが、後述する在日印度商業会議所のように、事務局の職員だけではなく会員自らが実務的な運営を担っている団体もある。

4　在日外国商工会議所の活動

日本の商工会議所は政策提言活動も活発に行っているが、在日外国商工会議所の場合、こうした活動はそれほどみられない。主な業務は、会員向けのビジネスサポートである。一口にビジネスサポートといっても、商工会議所によってその機能や重点は大きく異なるが、あえてまとめるならば、次の三つに整理できる。

第1に、本国出身者や本国のビジネスに関心をもつ日本人とのネットワーキングの機会の提供である。これは主に、ビジネス交流会、勉強会といったイベントの開催を通じて行われる。特に、日本国内での定住者が少ない国の場合、こうしたイベントは同じ国の出身者と知己を得る貴重な機会となる。また、こうした機会は人材マッチングや取引先開拓の場として利用されることもある。

第2に、日本でビジネスを行う本国企業、本国出身者に対して税理士・弁護士・通訳・経営コンサルタントといった専門家や行政機関、業界団体、そして取引先となりえる企業などを仲介する役割である。個人、法人にかかわらず、外国人が日本でビジネスを行うに当たっては、資金調達、取引先の確保など、さまざまな準備が必要となる。だが、異国の地において適切な相談者、機関を探すのは容易ではない。そこで、在日外国商工会議所が重要な橋渡し役となる。在日外国商工会議所の多くは本国政府からは独立した民間団体であるが、駐日の大使館や政府関連機関とは連携関係にあり、密に情報交換を行っていることが多い。また、長い日本での活動歴を背景に、業界団体や税理士・弁護士・経営コンサルタントといった専門家と交流をもっている場合もある。取引先や人材の確保といった要望に対しては、条件に該当する会員企業を引き合わせることもあるようだ。

第３に、専任のスタッフが提供するビジネスサポートである。ただし、こうしたサポートが提供できるのは、数十人規模の職員を抱える在日フランス商工会議所や在日ドイツ商工会議所といった大規模な商工会議所に限られる。具体的な内容としては、日本の市場調査を含むコンサルティングサービス、日本への進出を考える企業向けの視察のコーディネート、本国出身者の日本での就職サポート、日本のビジネス慣習を知るためのジョブセミナーの提供などが挙げられる。

なお、外国人によるビジネス活動の一つに、日本での起業がある。しかし、人員などのリソースの問題もあり、在日外国商工会議所のなかで起業支援を中心的な活動としている団体はほとんど存在しない。ただし、いずれの国でも起業支援の重要性は高まっており、本国出身者の日本での起業を支援するイベントや取り組みは増えている。外国人起業家によるビジネスプランコンテスト、起業関心層向けのセミナーやネットワーキングイベントなどがそうした活動の例である。また、起業を志す若者に会員資格を与え、起業活動を後押しする商工会議所もある。

5　事　例

以下では、ヨーロッパ地域の３団体（在日ベルギー・ルクセンブルク商工会議所、在日英国商業会議所、在日フランス商工会議所）、そしてアジア地域の２団体（日本中華總商会、在日印度商業会議所）に実施したインタビューをまとめる。

これら五つの団体にインタビューを行った理由は次のとおりである。まず、ヨーロッパ地域については、規模による活動内容の違いを把握するため、なるべく異なる規模の団体にインタビューを実施した。今回、協力いただいた団体のなかでは、在日ベルギー・ルクセンブルク商工会議所、在日英国商業会議所が中規模、そして在日フランス商工会議所が大規模な商工会議所に分類できよう。また、アジア地域からは、開催するイベント数などからみて最も活動が盛んであった２団体、日本中華總商会、そして在日印度商業会議所にインタビューを行った。これら二つの団体は、組織の成り立ちや役割も大きく異なり、在日外国商工会議所の活動の幅広さや国ごとの違いを知るうえでも参考になるだろう。

インタビューは2020年９月から12月にかけて実施した。インタビューをお受けいただいた方の役職、氏名を各在日外国商工会議所のプロフィールに記載している。新型コロナウイルス感染症の影響で、在日商工会議所でもイベントの見直しや会員企業からの問い合わせへの対応などに追われた時期であったが、そのように多忙ななかにもかかわらずインタビューに応じていただいた皆さまに対し、ここで改めて感謝を申し上げたい。

在日ベルギー・ルクセンブルク商工会議所

ジェネラルマネージャー：ソフィー・ボックラント

住　所：東京都新宿区荒木町23
第10大鉄ビル５階
設　立：1978年
会員数：約130
ＵＲＬ：https://blccj.or.jp

(1) 概　要

ベルギーとルクセンブルクはヨーロッパ大陸の西部に位置し、人口はそれぞれ1,100万人、60万人ほどの国である。法務省「在留外国人統計」の在留外国人数[3]によれば、2020年６月末時点で合わせて1,000人ほどの人が日本に滞在している。在日ベルギー・ルクセンブルク商工会議所（Belgian-Luxembourg Chamber of Commerce in Japan、以下 BLCCJ という）は両国出身者の日本での交流促進やビジネス活動の支援を目的として設立された団体である。

BLCCJ は1978年に活動を開始した。現在は事務局長と常勤職員の２名が、理事会の運営補助やイベントの開催といった事務全般を取り仕切っている。BLCCJ の会員は法人、個人を合わせ130ほどで、大企業、中小企業、個人会員の割合がそれぞれ３分の１ずつとなっている。大企業会員の多くは本国企業の日本支社であり、主な業種としては、医薬、医療関連品、金融、物流などがある。一方、中小企業の多くはベルギーからの来日者が日本で立ち上げた企業であり、業種としては、ベルギー産のチョコレート、ビールなどを扱

3　在留外国人数は中長期在留者と特別永住者の合計であり、短期滞在者は含まれない。

う輸入商社、そしてレストランが多い。なお、ルクセンブルクからは日本滞在者が少ないこともあり、会員の多くはベルギーの企業および出身者であるという。

BLCCJは本国政府から一部補助金を受けているものの、基本的には会費によって運営される民間団体である。しかし、本国の政府機関やベルギーの各地域政府（ブリュッセル、フランダース、ワロン）の在日事務所とは連携関係にある。例えば毎月1回行われる理事会には、12名の理事のほかに、各地域政府の代表やベルギー、ルクセンブルクの一等書記官などがアドバイザーとして参加している。

(2) 活　動

BLCCJの活動の中心は、会員向けのイベントの開催である。BLCCJの代表的なイベントには、ベルギー、ルクセンブルクの製品・サービスの日本への輸出で成功している企業に授与される日本輸出大賞や、日本への進出を考える企業の視察をサポートするYESプログラム、そして日本市場で成功するための秘訣を識者に講演してもらうDelighting Customers in Japanなどがある。

こうしたイベントの多くは会員限定のものだが、なかには会員でなくとも参加可能なものもある。例えば毎月第3月曜日に開催されるビアギャザリングは、BLCCJが主催する代表的なイベントである。この催しは会員企業だけではなく、非会員の本国出身者やベルギー、ルクセンブルグのビジネスに関心がある日本人も自由に参加できるのが特徴だ。参加理由は人それぞれだが、顧客獲得、人材獲得といったビジネス目的で参加する人だけではなく、ベルギー、ルクセンブルク文化への関心から参加する日本人も多いという。残念ながら新型コロナウイルスの影響で一時は中止を余儀なくされたが、現在は感染対策を徹底しながら、徐々に活動を再開している。

また、最近では若い人々向けの新たな取り組みとして、BLCCJスターターズという会員制度も始めている。これは、起業やキャリアアップを目指す30歳以下の若者を個人会員として迎え入れる制度だ。ポテンシャルな会員は本国からの留学生や本国企業の日本支社に勤める若者である。BLCCJでは、彼らに対してビジネス経験豊富なBLCCJの理事との懇談会などの機会を提供している。

(3) 今後の課題

40年以上にわたって活動を続けるBLCCJだが、課題もある。その一つが会員への情報提供、特に日本の行政情報の提供である。事務局長のソフィー・ボックラントさんによれば、今回の新型コロナウイルス感染症の問題は、こうした課題が顕著に表れた例だったという。新型コロナウイルス感染症の問題が本格化した2020年春以降、会員企業からは日本の各機関が提供するコロナ対策制度に関する問い合わせが急増した。こうした日本の制度の説明はほとんどが日本語だけで提供されており、彼らには情報入手が困難であったからだ。一方、BLCCJの事務局には日本語に堪能なスタッフがいるとはいえ、日本の各行政機関と特別なパイプをもっているわけではない。そのため情報収集は簡単ではなかったが、時間をかけてコロナ関連の補助金や融資制度、入国・出国制限にかかる情報などをニュースレターとして配信し、会員がタイムリーに情報にアクセスできるようにしたという。BLCCJとしては、今後もこうした会員への情報提供をスムーズに行える体制を整えていきたいという。

在日英国商業会議所

会　頭：デイヴィッド・ビックル

住　所：東京都港区赤坂2-23-1
アークヒルズフロントタワーRoP
設　立：1948年
会員数：約290
URL：https://bccjapan.com

(1) 概　要

在日英国商業会議所（The British Chamber of Commerce in Japan、以下BCCJという）は日本でビジネスを営む英国人と日本人の交流促進および日英間の投資促進を目的として、1948年に設立された団体である。現在の会員数は290ほどで、事務局には４名のスタッフが勤務している。在日外国商工会議所としては、中規模に分類される団体である。大規模商工会議所のように、専任のマーケットエントリアドバイザーを抱え、会員向けに独自のビジネスサポートを行っているわけではない。会員同士の交流を促進するためのネットワーキングイベントの開催、会員企業のCEOなどを招いたセミナーの開催、そして税理士・会計士・法律家・コンサルタントなどの専門家や行政機関の窓口の紹介など、外国人起業家・外国企業が日本でビジネスを行ううえでの橋渡し役としての機能を担っている。

BCCJの会員の業種は多岐にわたるが、コンサルティング、IT関連といったサービス業や、飲食料品や服飾といったラグジュアリーアイテムの輸入商社などが目立つ。また、会員の４割近くが英国をはじめとする諸外国出身の起業家が日本で経営する中小企業・個人事業である。創業間もない企業の割合も高く、通常の正会員とは別に、アントレプレナー会員という制度を設けている。大企業会員同士の交流のための機関という側面が強い欧州地域の在日外国商工会議所のなかにあって、BCCJ は大企業向けばかりではなく、中小企業やアントレプレナー向けのサービスにも力を入れている組織だといえる。

(2) 活　動

ネットワーキングイベントやセミナーの開催は BCCJ が最も力を入れているサービスの一つである。新型コロナウイルス感染症が拡大する前までは、年間50近いイベントを開催していた。ほかの欧州地域の在日商工会議所との共同開催イベントもあるとはいえ、その数は突出しているといってよいだろう。

BCCJ が開催するイベントのなかでも特徴的なものの一つは、プロジェクトとよばれる参加型のイベントである。プロジェクトでは会員企業が関心をもつテーマごとに、BCCJ の役員からなるグループを組織し、有識者と会員企業とのディスカッションの場を提供する。講義形式のセミナーとは異なり、会員にとってネットワーキングの場としても機能している。

例えば、Small is Great は中小企業やアントレプレナー会員を対象としたプロジェクトで、日本で成功した英国人経営者などを招き、年３回のディスカッションを実施している。日本と英国のビジネスの違い、外国人が起業するうえでの特有の困難などを、経験者から直接聞くことができる貴重な機会となっている。

このほかにも、BCCJ 5.0 Project として、Diversity & Inclusion,

Digital & Tech Innovation, Responsible Business などがあり、会員企業の関心によってさまざまなプロジェクトが組織されている。

もう一つの代表的なイベントが、年1回開催される British Business Awards である。13年の歴史をもち、BCCJ が開催するなかでも最も盛況なイベントの一つといえる。日本に本拠を置く英国企業のうち、業績、革新性などの点で卓越した企業に与えられる Company of the Year や優れた業績をあげた創業間もない個人、企業に与えられる Entrepreneur of the Year など、六つの賞について応募を募り、ノミネートされた企業だけでなく、会員の多くが授賞式に参加する。同イベントは優れた在日英国企業や経営者への認知度を高める役割を担うとともに、受賞企業やノミネート企業にとっては、宣伝効果も見込まれる。2020年は新型コロナウイルス感染症の影響で初めてのオンライン開催となったが、それでも多くの応募があったという。

(3) 起業支援と課題

BCCJ には、日本への新規参入を考えている英国企業や起業を希望する本国出身者などからの相談が寄せられる。今回話をうかがった BCCJ 会頭のデイヴィッド・ビックルさんによれば、日本は市場規模が大きく、英国の大企業ばかりでなく、中小企業や起業家にとっては魅力的な市場なのだという。こうした相談に対してはコンサルタント・税理士・会計士・法律家、また将来の取引先となりうる会員企業を紹介している。

しかし、こうしたサポートにも限界はあるという。一つの問題は日本のマーケットに精通し、かつ英語でコミュニケーションがとれる専門家は多くないということである。例えば、英国企業が日本に進出する際には、日本の消費者の嗜好に合わせて製品・サービスを変える必要があるが、適切なアドバイスができる専門家は多いとはいえない。また、日本で新たなビジネスを始める際、各種の法的規制などを調べる必要があるが、こうした事項に精通し、かつ英語でコミュニケーションができる専門家も需要に追いついていないのが現状である。

もう一つの問題として、日本の行政機関が提供するサービスへのアクセスの難しさがある。起業希望者にとっては、資金面を含めた行政からのサポートを受ける恩恵は大きい。しかし、日本には政府系金融機関の創業融資や商工会議所などが提供する各種の創業サポートなど、外国人でも利用できるものもあるとはいえ、いずれのサービスも英語での対応が少ない。そのため、多くの外国人にとって、アクセスするのは難しいようである。

また、BCCJとしても日本の各機関が提供するサービスをすべて理解して会員への情報提供すること、日本の各機関の全体像を把握するのは難しい。例えば、資金調達は起業に当たっての重要課題であるが、外国人が融資審査に耐えうるだけの事業計画、実績を示すことは簡単ではない。しかし、日本政策金融公庫の創業融資制度など、政府系機関が提供する融資制度を外国人でも利用可能であることは、まだ広く周知されていないようである。

外国人が日本でビジネスを始めるに当たって、在日外国商工会議所は重要な情報源となる。BCCJとしても、日本の行政サービスに関する情報を会員企業にスムーズに提供できるようにすることが、これからの課題だという。

在日フランス商工会議所

事務局長：ニコラ・ボナルデル

住　所：東京都中央区日本橋本町2-2-2
日本橋本町 YS ビル２階
設　立：1918年
会員数：約600
U R L：https://www.ccifj.or.jp

(1) 概　要

37ある在日外国商工会議所のなかで、最も古い歴史をもつのが在日フランス商工会議所（Chambre de Commerce et d'Industrie Française du Japon、以下 CCI France Japon という）である。設立は1918年。東京・大阪・名古屋・福岡に拠点をもち、会員数は正会員、賛助会員を含め600を超える。さらには事務局には40名近い職員を擁し、欧州地域の商工会議所のなかでは最大規模の団体の一つである。

主な活動目的はフランス企業の日本市場でのビジネスサポートである。その一環としてネットワーキングイベントやセミナーの開催のほか、人材紹介やコンサルティングサービスの提供、日本に進出する中小企業への事業拠点の提供などを行っている。会員企業に限らず、新たに日本市場への進出を考えているフランスの中小企業や個人へのサポートが充実していること、多数の専門スタッフを背景に、組織内部に独自のビジネスサポートを行える部門を有している点は、ほかの商工会議所にはない特徴である。

会員の比率はフランス企業が５割、日本企業が４割となっている。また、中小企業が全体に占める割合も約５割と高い。

(2) 活　動

CCI France Japon は事務局内にイベント企画部、人材開発部、事業開発部といった複数の部署をもち、各部署が異なるビジネスサポートサービスを提供している。

まず、イベント企画部が提供するネットワーキングイベントやセミナーである。イベントの内容は、エコノミスト、経営者、政治家などの外部講師を招いたセミナー、会員同士の交流を目的とした朝食会・昼食会、企業視察、フレンチビジネス大賞、アフターサマーパーティーといったネットワーキングイベントなど多岐にわたる。

人材開発部が提供するのは、会員企業向けの人材紹介サービスである。日本への進出を考えるフランス企業が直面する問題の一つは人材の確保である。特に、日本語とフランス語に堪能で、かつ専門技能を有する人材を見つけるのは難しい。こうした要望に応えるべく、５年ほど前に人材紹介業の資格を取得し、会員企業向けの人材紹介サービスを開始した。毎年、会員企業から寄せられる100件以上の求人を受け、求職者データベースから条件に合う人材をマッチングすることで、３割程度の案件を成約に導いている。なお、データベースに登録された求職者のうち約７割はフランス在住のフランス人である。日本の文化に関心をもち、日本での就職を希望する人が多いのだという。

事業開発部では、フランスの中小企業を主な対象として、日本への進出をサポートしており、市場調査、取引先の紹介、通訳業務、視察のアテンドといったサービスを提供している。なかでも中心となる業務は、取引先の紹介と日本企業視察のアテンドである。フランス企業が日本でのビジネスで成功するためには、日本企業との関係構築が欠かせない。日本への進出を目指すフランス企業と取引先となりうる日本企業との仲介をスムーズに行うため、事業開発部のスタッフには日本語とフランス語に堪能でかつ日本のビジネス文化をよく知る人材をそろえているという。

事業開発部ではこのほかにも、フランスの中小企業の日本における業務活動拠点（オフィス）の提供も行っている。日本のビジネスに関心はあるが、まだ本格的な進出には至っていないフランス企業向けに、オフィスの一部を間貸しし、進出に向けた足がかりにしてもらうためのサービスである。現在、東京オフィスには44の貸しデスクがあり、約20社のフランス企業がこれを拠点に日本への進出を模索している。

(3) 起業支援と課題

フランスでも、起業活動への関心は高い。そのため、CCI France Japon でも日本での起業を支援するべく、さまざまなイベントを立ち上げている。例えば、Meet and Connect は日仏のスタートアップ企業にスポットを当てたイベントである。このイベントでは会場に参加企業の展示ブースを設置し、ネットワーキングの機会を提供するほか、優れたスタートアップ事業の表彰なども行っている。また、Hello Tomorrow は IT 関連のスタートアップ企業に関心をもつ若い層を対象としたイベントで、有識者による講演や業界関係者とのネットワーキングの機会などを提供している。

また、日本で起業したいという本国出身者から相談をもちかけられることもある。現状では起業希望者向けに特化した相談窓口は設置していないため、こうした問い合わせに対しては要望に応じて弁護士、税理士など、起業の助けとなりうる専門家を紹介したり、事務局のメンバーが起業にかかる事務手続き全般のサポートを行ったりしている。しかし、残念ながら日本での起業のハードルは依然として高く、若者からの起業の相談はなかなか増えていかないのが現状だという。

今回話をうかがった事務局長のニコラ・ボナルデルさんは、フランス人による日本での起業が増えない理由として、大きく二つの要因を挙げている。一つは、日本特有の起業環境の問題である。市場の魅力でいえば、日本は他国と比較して決して劣っているわけではない。また、フランスでは日本のコンテンツ（マンガ・アニメ）の人気が非常に高く、そこから日本のビジネスに関心をもつ若者も多く存在する。しかし、新しいビジネスに寛容で、チャレンジを受け入れる土壌がある米国やフランスとは異なり、日本の企業は総じて保守的である。そのため、新たにビジネスを始めようにも、マーケットに入り込むのは簡単ではない。

また、他国と比べると行政機関などによる起業支援も総じて少ないように感じるという。例えば、フランスには数多くのインキュベーションセンターがあるが、日本ではまだ少ない。また、日本でも商工会議所や政府関連機関などが事業計画策定支援といった起業支援サービスを始めてはいるものの、依然として日本語でしか提供されていない。今後、外国人による起業を増やしていくためには、こうした日本の機関が英語・フランス語などによる情報提供を増やすとともに、CCI France Japon のような組織とも連携を深めることが重要だと考えているという。

日本中華總商会

会　長：薫　敬如

住　所：東京都渋谷区恵比寿1-15-1
恵比寿パルクビル2F
設　立：1999年
会員数：約320
URL：http://www.cccj.jp

(1) 概　要

日本中華總商会（Chinese Chamber of Commerce in Japan、以下CCCJという）は日本の華僑・華人企業（中国以外の地域で中国出身者によって経営される企業の総称）同士の交流を促すために設立された民間団体である。その設立は1999年と、ほかの在日外国商工会議所と比較すると新しい部類に入る。日本と中国との長い交流を考えると、やや意外にみえるかもしれない。

もちろん、華僑・華人（海外に住む中国出身者）は古くより日本にもいた。だが、その数が急増したのは中国からの留学生が増えた1980年後半ごろからである。当時、中国からの留学生は日本での就職が難しかったこともあり、その多くは大学で学んだ知識を生かして起業する道を選択した。そうして多くの華僑・華人企業が生まれ、1990年代には規模を拡大していく。なかには、急成長を遂げ、上場に至る企業もあった。そして、華僑・華人企業の増加、成長が落ち着きをみせた90年代後半に、日本でも華僑・華人の経営者同士の交流を図るべく、経済団体を設立しようという機運が高まった。その結果設立されたのが、CCCJである。そのため、会員の多くは1980年代後半以降に来日した在日1世である。会員企業は従業員30〜50人規模の中小企業が多く、業種はIT関連企業や貿易関連の企業が中心である。今回話をうかがった蕭敬如さんは在日3世であるが、CCCJのなかではめずらしいケースだという。

CCCJの設立には、世界中に存在する華僑・華人団体との連携を深めるという目的もあった。シンガポールをはじめ、アジア各国には多くの華僑・華人がおり、それぞれが経済団体を設立している。彼らは2年に1回開催される世界華商大会[4]などを通じて、国際的な連携を強め、ビジネスの拡大に役立ててきた。だが、日本には、こうした世界的な華僑・華人のネットワークに参加するためのとりまとめ役となりうる経済団体が長らく存在しなかった。こうした設立経緯もあり、現在でもCCCJの事業内容には「世界各国の華僑華人経済団体との相互交流のための事業」が明記されている。

(2) 活 動

CCCJの主な活動は、会員である在日華僑・華人同士の交流促進、そして外部団体、海外の華僑・華人団体などとの交流促進である。こうした交流は、会員企業である在日華僑・華人企業にとって取引先の拡大といったビジネスチャンスにつながる。具体的な開催イベントとしては、月1回行われる例会、外部講師を招いたセミナー、そして年4回ほど行われる日本国内の産業視察などがある。さらに、先述した2年に1度開催される世界華商大会への参加も会員企業にとって重要なイベントであり、世界的な華僑・華人ネットワー

4　中国以外で経営を営む中国系企業経営者の集まり。ただし、当初は中国本国の経営者も参加していた。

クにつながる貴重な機会である。

また、急速な経済成長を背景に中国の市場としての魅力が高まるなか、最近では中国市場に打って出る会員企業が増えている。そのため、CCCJでは毎年7月から8月にかけて中国に視察団を派遣している。この際には中国政府の華僑弁公室（華僑とのネットワークを拡大するために設立された中国の政府機関）への表敬訪問や中国企業の視察を行うなどしている。

在日1世の人々を中心とした団体として設立され、さまざまな交流を進めてきたCCCJだが、設立当初からみると、その在り方は徐々に変化している。その一つが会員企業の対象拡大である。華僑・華人の増加が続くなか、現在では在日2世、3世が立ち上げた華僑・華人企業も増えている。そこで、数年前から日本中華總商会では若い華人企業にも積極的に声をかけ、会員の若返りを図っている。こうした取り組みの結果、伸び悩んでいた正会員数は2019年には320社まで増加した。2020年は新型コロナウイルスの影響により思ったように会員数を伸ばせなかったものの、今後は正会員数500社を目指し活動を続けるという。

また、もともとCCCJの会員は華僑・華人企業が中心になっていた。しかし、中国とかかわりのあるビジネスを営む日本企業にとってもCCCJに参加するメリットは大きい。特に、世界的な華僑・華人ネットワークにつながる機会を得ることは魅力である。そこでCCCJでは2010年に賛助会員制度を見直し、入会できる対象を拡充し、より幅広い層が参加できるようにした。現在は80社程度が賛助会員として参加しており、なかには中国関連ビジネスを営む大企業も含まれている。

さらに、近年では日本に滞在する本国出身者の増加に伴って、同じ故郷のメンバーからなる団体（日本の県人会に相当）が数多く設立されている。CCCJでは、こうした団体とも交流を深めるため、2012年の社団法人化を契機に定款を抜本的に修正し、分会・団体会員の制度を導入した。現在ではこの制度の下で、二つの分会、17の団体会員を擁している。こうした制度改正によって、CCCJと本国の各省、各市とのつながりも一層緊密になったという。

(3) 今後の課題

このように、CCCJはこの数年の間に制度を大きく見直し、会員の拡充を図ってきた。今後の課題は大きく二つあるという。一つは、国籍や会員制度の枠を超えた、会員同士の交流の促進である。日本企業などへも会員の枠を広げ、急速に会員数を増やしてきたCCCJだが、今後は既存の会員と新たな会員との交流をより深める必要がある。CCCJとしては、例会やセミナーのほかにも会員同士の交流の機会を増やし、互いの事業についての理解を深めてもらうことで、新たな取引を始めるきっかけを提供したいという。

もう一つは、海外の華僑・華人団体との交流の強化である。これまでは2年に1回開催される世界華商大会が、海外との中心的な交流の場であった。現在、コロナ禍においてこうした海外渡航は難しくなっているが、オンラインミーティングが一般化したことで、海外との交流はむしろ活発になっているという。例えば、2021年に開催されたCCCJの20周年式典には、海外から多くの参加があった。今後は、各国の華僑・華人団体と会員との個別の交流会といった場を増やし、会員に対して海外展開の機会を提供したいという。

在日印度商業会議所

名誉会頭：ラム・カラニ
事務局長：ロイ・詩百瑠（しとる）
役　員：ニケッシュ・クマール・シンハ
役　員：バンドパダヤ・サテン

住　所：大阪府大阪市中央区北久宝寺町1-2-1
オーセンティック東船場ビル702
設　立：1937年
会員数：約120
URL：https://icc-japan.org

(1) 概　要

在日印度商業会議所（Indian Chamber of Commerce Japan、以下ICCJという）は在日外国商工会議所としてはめずらしく、関西に拠点を構える団体だ。80年以上の歴史をもち、本国出身者の日本でのビジネスをサポートするだけではなく、地方自治体との共同イベントを開催するなど、地域に密着した活動を展開しているのが特徴だ。

ICCJが関西を拠点としているのには、歴史的な経緯がある。戦前から日本とインドは真珠などを中心とした交易が盛んであり、多くの人々が日本に移り住んでいた。当初、インド人のコミュニティーは横浜港を中心に栄えていたが、その後、関東大震災の影響もあり、同じく貿易港のある神戸に移る。このコミュニティーを中心として1937年に設立されたのが、現在のICCJである。戦争の動乱のなかで一時は活動中止を余儀なくされたが、戦後は大阪を拠点に活動を再開。1955年には当時の通商産業省から商工会議所の名称使用許可を受け、その後も大阪に拠点を置いて活動を続けてきた。

現在の会員数は約120で、うち７割が法人会員、残り３割が個人会員である。ほかの在日外国商工会議所とは異なり、会員の大半は本国出身者によって日本で立ち上げられた中小企業ないしは個人事業であり、本国の大企業は含まれていない。また、本国出身者だけではなく、日本企業も会員として参加できる。業種は貿易業をはじめとして、繊維卸、自動車部品製造業、一般機械製造業、情報サービス業そしてコンサルタント業など幅広い。一部、関東の企業も含まれているが、大半は大阪・京都・兵庫に拠点を置く企業である。

(2) 活　動

ICCJの主な活動はイベント、セミナーの開催、そして非会員を含む本国出身者と専門家、支援機関の仲介である。しかし、その運営方法がほかの在日外国商工会議所とは少し異なっている。

通常、在日外国商工会議所では常勤の事務局職員がイベント開催、会員や外部からの問い合わせへの対応といった事務を担っており、理事会は方針決定のみを行う場合が多い。しかし、ICCJでは14名からなる理事会の役員が方針決定だけではなく、実際の運営そのものにも携わっている。例えば、ICCJには起業、取引先の開拓、資金調達、在留資格の取得など、数多くの相談が寄せられる。ICCJでは問い合わせがあり次第、理事会で方針を協議のうえ、適切な役員あるいは会員が個別に相談対応を行う形式をとっている。例えば、地方自治体との交渉が必要な事項であれば役員が担当部署との橋渡し役になったり、資金調達の問題であれば銀行に勤める会員が相談に乗ったりするといった具合である。なお、会員は自らの事業を経営する傍らでICCJの活動に取り組んでいる。ほかの商工会議所よりも、ボランティアとしての性格が強いといえる。

また、組織運営の一環として、ICCJには業界ごとに、役員を長、会員企業をメンバーとする分科会が設けられている。分科会はIT分科会、文化関連分科会、農業関連分科会、製薬関連分科会などがあり、外部からの問い合わせや対応事項については、それぞれの分科会単位で取り組むことも多い。

ICCJのもう一つの特徴として、地方自治体や商工会議所といった関西地域の各団体との交流会や共同開催イベントに重点を置いている点が挙げられる。これは、日頃の活動を通じて、日本の各団体と連携を強め、常に情報交換ができる体制を築くためでもある。こうした活動を可能にする理由としては、関西に本拠を置く唯一の在日商工会議所であるという特徴に加え、会員の大部分が日本語に堪能で、コミュニケーションがスムーズに行えるという点もある。

また、ICCJは地域振興も兼ねた一般向けイベントの開催にも積極的だ。例えば、毎年開催される「インディア祭り」は関西最大級のインド関連の祭典である。2020年は新型コロナウイルス感染症の影響で中止を余儀なくされたが、前年の2019年は兵庫県、神戸市の後援の下で開催され、20万人もの動員があった。

日頃の活動を通じて培われた日本の地方自治体、商工会議所とのコネクションは今回のコロナ禍への対応にも役立っている。多くの在日外国商工会議所は、コロナ関連融資や補助金に関する情報の取得に苦労した。しかし、ICCJは普段から日本の各種団体と情報交換を行っていることから、コロナ関連の補助金、融資などの情報をスムーズに取得し、会員に案内することができたという。

(3) 起業支援と課題

ICCJ の役員、会員の大半は自ら日本で起業を経験した経営者であり、日本での起業を希望する本国出身者からの相談には彼らが直接応じることも多い。起業経験者から直接アドバイスをもらえることは、日本での起業を目指す本国出身者にとって大きなメリットだろう。だが今回話をうかがった ICCJ 役員によれば、本国出身者が日本で事業を始めるのは、やはり依然としてハードルが高いと感じるという。

第１には在留資格取得の問題である。飲食店経営などを別にすると、事業を始めるための在留資格（経営・管理）の取得が他国、例えば欧州や米国と比較して難しいと感じるという。第２に帯同家族のための環境が未整備である点である。例えば、関西には大きなインド人コミュニティーがあるにもかかわらず、子どもたちが通える小中学校がない。この点は家族帯同で来日を考えている本国出身者にとって、大きな障壁になる。第３に、資金調達の問題である。日本での事業経験や職務経験がない外国人にとって、起業のための資金を調達するのは容易ではない。また、事務局長のロイ・詩百瑠さんは自らの貿易商社を立ち上げる前に、日本の商社で10年もの勤務経験があったが、それだけの経験があっても、起業資金の調達は簡単ではなかったという。

こうした問題は一朝一夕に解決できるものではないが、ICCJ は現状を変えるべく努力を続けている。例えば、現在は関西地区にインド人学校を設立すべく自治体と交渉を進めているという。日本に滞在するインドの人々が日本で働きやすい環境をつくるため、今後も ICCJ が果たす役割は大きいと思われる。

6　まとめ

これまで、在日外国商工会議所は本国出身者同士の交流促進、弁護士・税理士・通訳といった専門家の紹介、取引先や人材確保のサポートなど、外国人の日本でのビジネス活動を支えるうえで一定の役割を果たしてきた。今後、彼らにはどのような役割が期待できるだろうか。インタビューからわかるとおり、在日外国商工会議所自身がコンサルティング、資金調達支援、人材確保といったサポートを行うケースはまれである。そのため、引き続き期待されるのは、仲介者としての役割だと考えられる。また、その機能を高めるためには、ICCJの例からもわかるとおり、日本の各機関と密接な関係を構築しておくことも重要だろう。そのためには、日本の支援機関の側からのアプローチも必要だ。わが国での外国人のビジネス活動を支援するという共通の目標に向け、関係強化に取り組むべきだ。

現在でも日本の行政機関、商工会議所などが提供する経営支援サービス、さらには政府系金融機関による融資制度には外国人でも利用可能なものが多い。だが、残念ながらその存在自体が知られていないケースもある。また、こうした制度が外国人にとって利用が難しい理由として、サービスが日本語のみで提供されているなど、そもそも外国人による利用を想定した設計になっていないことも挙げられる。外国人がよりアクセスしやすいよう、英語や中国語による情報提供を増やすことが急がれる。外国人による日本でのビジネス活動を支援する態勢を整えることは、むしろ日本の側に課せられた課題といえるだろう。

第4章

福岡市における外国人創業促進への取り組み

カルチュア・コンビニエンス・クラブ㈱九州カンパニー
福岡市スタートアップカフェ運営責任者*

佐藤 賢一郎

Bridge of Dreams 代表**

戸崎 いずみ

* カルチュア・コンビニエンス・クラブ㈱九州カンパニーは、福岡市から福岡市スタートアップカフェの運営を受託している。

** Bridge of Dreamsは、福岡から全国へ「九州の挑戦」を発信するPRライティング事業を行っている。表4－2（p.180）のコワーキングスペースFukuoka Growth Next卒業企業。

本章は、佐藤賢一郎・戸崎いずみ「国家戦略特区を活用した外国人による創業の促進ー福岡市の取り組みからー」日本政策金融公庫総合研究所『日本政策金融公庫論集』第51号（2021年5月）を改訂、改題したものである。

1　はじめに

国内での新規開業件数が伸び悩むなか、外国人による日本での創業は、新たな産業の創出や雇用の確保といった社会効果をもたらす可能性がある。創業を目指す外国人にとっては、在留資格の取得を含む法的なハードルが存在するが、国家戦略特区（国家戦略特別区域）の活用による規制緩和によって、外国人による創業促進を目指す動きがみられる。

そこで本章では、こうした取り組みの先進事例として、最も活発に活動している福岡市を取り上げる。国家戦略特区としての取り組み内容の整理をするとともに、外国人による創業の現状とその促進における課題を明らかにしていく。

2　国家戦略特区の認定

(1)　福岡市が外国人創業を促進する理由

福岡はその地理的特徴から、古代から東アジアの貿易都市として繁栄してきた（川添ほか、1997)。世界で経済のグローバル化や情報化が進展し、拠点選択の自由度が増してきている。また最近では香港の情勢の変化など、東アジアの拠点・人材の受け皿に変容がみられる。そのような時代背景を踏まえ、改めて福岡市の地理的優位性を生かし、東アジアのビジネスハブとして都市を発展させる重要性は増す。

また近年、福岡市ではスタートアップの集積地を目指す取り組みが盛んになりつつある。それらを分析した先行研究である野村(2018)は、福岡市が地域の成長戦略として起業・創業に注力する背景として創業に適した要素と課題を挙げている。

起業に適した要素としては、優位点が大きく三つあるとした。一つ目にはビジネス立ち上げの環境面で、東京など大都市圏と比較し、オフィス賃料などのビジネスコストが低いこと、二つ目には空港から市内へのアクセスやアジアとの距離が近いなど交通の利便性が高いこと、三つ目には政令指定都市のなかで最も人口増加率が高く住民の平均年齢が若いことである。こうした優位点は、外国人の創業にもプラスの要素となる。また、野村(2018)は福岡市の課題として、東京圏などの大都市に本社を置く企業が支店を置くという支店経済により、景気停滞局面には本社の意向による撤退や縮小などのリスクに見舞われるといった点のほか、20歳代について就職を要因とする域外転出超過となっている点を挙げている。外国人を含めた創業が促進され、福岡市に本社機能を有した企業の創業数が増えることは、このような課題を解決する糸口になると期待される。

福岡市は、半径2.5キロ圏内に空港と市街地が位置するコンパクトシティであり、国際空港へは博多駅から10分とアクセスの良さは世界48都市中第3位(アジア13都市中第1位)となっている[1]。海や山などの自然も都心部から近く、国連ハビタットからも世界26カ所の優良事例のなかで、コンパクトで暮らしやすいまちづく

1　福岡市ホームページ(http://facts.city.fukuoka.lg.jp/data/access-time/)参照。原典資料は、森記念財団 都市戦略研究所『世界の都市総合力ランキング Global Power City Index YEARBOOK 2019』。

りのケースとして選定されている[2]。また、在留外国人の増加率は日本の21大都市中第1位、増加数は第5位となっている[3]。

上記に挙げられる背景もあり、福岡市は外国人起業家が集積し、創業することで、ビジネスのグローバル化の促進や新たな雇用の創出、新たなイノベーション（革新的な商品、サービス）創出をもたらしていくと考え、産学官民の連携を生かしつつ、さまざまな施策を推進している。

(2) グローバル都市に向けた取り組み

福岡市は、都市としてさまざまなグローバルネットワークを構築してきた。2010年12月から福岡市長を務める高島宗一郎氏は、自身の著書で福岡市のグローバル都市に向けた市民活動の事例として、「アジア太平洋こども会議・イン福岡」(Asian-Pacific Children's Convention in FUKUOKA：APCC）と「アジア太平洋都市サミット」(Asian-Pacific City Summit：APCS）を挙げている（高島、2018)。アジア太平洋こども会議・イン福岡は、福岡市政100周年を記念して1989年から開催され、アジア太平洋各地の11歳の子どもたちを毎年数百人規模で受け入れ、これまでに約30年間で55カ国・地域と、のべ約1万人の人的ネットワークを構築した実績がある。

アジア太平洋都市サミットは1994年にアジア太平洋13カ国30都市とまちづくりの相互協力を行うため提唱され、現在までアジアを

2　国連ハビタット（United Nations Human Settlements Programme：UN-Habitat）は、国連人間居住計画とも訳される、社会的・環境的に持続可能な都市づくりの促進を目指す国連機関で、ナイロビに本部を置いている。福岡市には、アジア太平洋地域を担当する、福岡本部がある。

3　福岡市ホームページ（http://facts.city.fukuoka.lg.jp/data/foreigner）（2012年12月から2017年12月の増加数）参照。原典資料は、法務省「在留外国人統計」。

表４－１　都市別国際会議開催件数の推移

（単位：件）

	順位	1	2	3	4	5	6	7	8	9	10
2015年	都市	東京	福岡	仙台	京都	横浜	名古屋	大阪	神戸	札幌	千里
	件数	557	363	221	218	190	178	139	113	107	94
2016年	都市	東京	福岡	京都	神戸	名古屋	横浜	大阪	仙台・札幌		北九州
	件数	574	383	278	260	200	188	180	115		105
2017年	都市	東京	神戸	京都	福岡	名古屋	横浜	大阪	北九州	仙台	札幌
	件数	608	405	306	296	183	176	139	134	120	116
2018年	都市	東京	神戸	京都	福岡	名古屋	横浜	大阪	北九州	仙台	札幌
	件数	645	419	348	293	202	156	152	133	116	109
2019年	都市	東京	神戸	京都	福岡	横浜	名古屋	大阪	北九州	仙台	札幌
	件数	561	438	383	313	277	252	204	150	136	102

資料：日本政府観光局（JNTO）「2019年 JNTO 国際会議統計」
（注）1　東京は23区のみの件数。
　　　2　千里は、大阪府の豊中市、吹田市、茨木市、高槻市、箕面市を含む。

中心にさまざまな取り組みを行っている。これらの活動の蓄積によって得た都市としての信頼関係と人材ネットワークは、福岡市のグローバル化を推進していくうえで、強みになっていると高島（2018）は説明している。

また、福岡市の国際会議（MICE）の開催数は2015年、2016年は東京に続く第２位である（表４－１）[4]。2017年以降も、東京、神戸、京都に続く第４位と上位に位置し、福岡市のグローバルなビジネス交流の活性化を促している。2019 年には、「G20 財務大臣・

4　MICE とは、企業などの会議（Meeting）、企業などの行う報奨・研修旅行（インセンティブ旅行）（Incentive Travel）、国際機関・団体、学会などが行う国際会議（Convention）、展示会・見本市、イベント（Exhibition/Event）の頭文字を並べたもので、これらのビジネスイベントの総称である。

中央銀行総裁会議」や「ラグビーワールドカップ」という大規模な国際的イベントも開催された。

福岡市におけるMICE開催の優位性について、小柳（2018）は、航空路線や新幹線による九州内外からの良好なアクセスに加え、アフターコンベンション（観光や飲食など、コンベンションに付随する消費活動）の力の強さが要因だとしている。

福岡市は、MICE開催時には国家戦略特区を活用し、道路法の特例を活用したイベントや懇親会を開催している。2014年には福岡市中央区のきらめき通り、2018年には福岡市博多区の川端商店街でそれぞれMICE懇親会を開催し、同市の魅力を発信する機会としている。

石丸（2020）は、福岡市は地元産業界と連携し、継続的なMICE誘致を実施し、国際ビジネス人材との交流や、地場企業とのビジネスマッチングの機会を創出しているとしている[5]。

(3) 創業支援への取り組み

野村（2018）は、「福岡市は他の都市に先駆けて起業・創業支援に取り組んできた経緯がある」としている。福岡市では、2000年にインキュベート施設である福岡ビジネス創造センターなどの創業者の育成施設が開設され、2003年には地域の企業経営者や専門家による起業支援のネットワークである福岡市創業者応援団が組織された。

5　取り組みの詳細は、福岡市「「グローバル創業都市・福岡」ビジョン」（2015年）（http://www.city.fukuoka.lg.jp/data/open/cnt/3/59163/1/Fukuoka-Vision.pdf）や、福岡市「国家戦略特区　福岡市グローバル創業・雇用創出特区」（2019年）（http://www.city.fukuoka.lg.jp/data/open/cnt/3/59167/1/pamphlet.pdf）で紹介されている。

2012年９月に、高島市長は、連続起業家でありグローバル投資家の孫泰蔵氏、さくらインターネット㈱共同創業者であり投資家の小笠原治氏、英国政府テックシティ担当のトニー・ヒューズ氏らとともに「明星和楽（みょうじょうわらく）」の場で「スタートアップ都市ふくおか」宣言をして、官・民が一緒になってスタートアップ支援施策を進める方向性を打ち出した[6]。

その後、福岡市は2012年12月の基本計画、および2013年６月の政策推進プランにおいて「新たなチャレンジを応援するスタートアップ都市づくり」として、スタートアップ支援を市政の柱として体系的に位置づけた。その一環で、国内外の著名起業家が一堂に会する「B Dash Camp」など国際的な起業家イベントを誘致・開催するなど、ムーブメントの創出に尽力した。これにより、スタートアップと産学官のコミュニケーションが活性化され、スタートアップ関係者の動きが徐々に可視化された。さらに、報道やコミュニティーを通じて、大学生などの若者における将来の選択肢としてスタートアップが入るようになっていった。

しかし、創業と雇用を生み出す都市としてスタートアップ支援を推進していくなかで、課題も挙がった。野村（2018）は「福岡市は地方自治体レベルでは解決できない規制や税制などの課題を抱えていた」と指摘している。その解決手段として福岡市は、2013年９月に福岡地域戦略推進協議会（Fukuoka Directive Council：FDC）とともに政府への提案を行い、2014年３月に「グローバル

6　明星和楽は、2010年から開始されている福岡市の起業家やエンジニアなどによるコミュニティーイベントである。2010年以降、毎年開催されており、橋本正徳氏、山田泰弘氏、市江竜太氏、村上純志氏が主宰を歴任してきた。2017年からは、松口健司氏が主宰を務めている。

創業・雇用創出特区」として国家戦略特区に認定された。福岡市は特区事業として、2014年10月にあらゆる起業・創業に関する相談を無料で受け付けるスタートアップカフェを設立した。2015年12月には「外国人創業活動促進事業」(スタートアップビザ) をスタートさせ、国内初となる実績をあげた[7]。

他都市と連携した動きでは、2013年12月には、広島県、横須賀市、佐賀県、三重県、千葉市、浜松市、奈良市とともにスタートアップ都市推進協議会を設立し、国内の地方都市とともにスタートアップ推進に向けた取り組みを始めた[8]。民間の動きとしては、2014年10月に地場企業や支援機関などによるスタートアップ支援コミュニティーの「Startup Go!Go!」が開催され、海外から起業家をイベントに誘致する動きも広まった[9]。そして、2015年11月からは、地場企業とスタートアップの出会いの場として「フクオカ・スタートアップ・セレクション」を官民共同で毎年開催し、スタートアップと地元企業の数多くの協業を生み出している[10]。こうした福岡市の官民が連携したスタートアップ都市づくりの取り組みは『Forbes JAPAN』の表紙を飾るなど、全国的に注目されている[11]。

7　後述のとおり、国家戦略特区のスタートアップビザとは別に、「外国人起業活動促進事業」(経済産業省認定のスタートアップビザ) がある。

8　2021年1月現在のスタートアップ都市推進協議会について、会長は福岡市、副会長は広島県と浜松市、監査役は三重県、会員は青森市、つくば市、千葉市、日南市、別府市である。

9　2020年に開催されたStartupGo!Go!について、主催は一般社団法人であるStartupGoGo、共催は一般社団法人九州経済連合会、㈱FFGベンチャービジネスパートナーズである。

10　2020年に開催されたフクオカ・スタートアップ・セレクションについて、主催は福岡市と福岡スタートアップ・サポーターズ協議会、共催は 福岡商工会議所、Fukuoka Growth Nextおよび福岡地域戦略推進協議会である。

11　福岡市「福岡スタートアップエコシステムの軌跡と展望」(2019年) 参照。

(4) 国家戦略特区における福岡市

国家戦略特区とは、日本の経済活性化のために地域限定で規制や制度を改革し、その効果を検証するために指定される特別な区域を指す。これまでの国家戦略特区は、地方が提案し、国が認定するボトムアップ方式を採用していたが、現在の国家戦略特区は、国が主導して特区のテーマや地域を決定するという方式に転換された。その結果、より大胆な規制や税制の改革が期待できるようになった。国家戦略特区には、当初は福岡市を含め6地域が指定され、2021年1月時点では10地域（東京圏、関西圏、新潟市、養父市、福岡市・北九州市、沖縄県、仙北市、仙台市、愛知県、広島県・今治市）が指定されている。福岡市は「グローバル創業・雇用創出特区」として、創業の支援と雇用の創出に取り組んでいる。2020年9月時点の認定事業の状況は、全体では、規制改革メニュー活用数が64メニュー、認定数が367事業である。地域別では、東京圏が活用数37メニュー、認定数129事業でトップ、福岡市・北九州市は活用数25メニュー、認定数63事業で第2位となっている。

3　外国人創業活動促進事業（スタートアップビザ）

(1) 一般の外国人創業の手続き

一般に、日本で創業を志す外国人が「経営・管理」の在留資格を取得するためには、二つの要件を満たす必要がある。一つ目は個室の要件を満たす事業所の開設であり、二つ目は①常勤職員2人以上の雇用（経営又は管理従事者以外）、②資本金の額または出資の総額が500万円以上、③上記①か②に準ずる規模と認められるもののうちいずれかである[12]。

(2) 特区での特例

「外国人創業活動促進事業」(スタートアップビザ) は、外国人の創業を促進する目的で、国家戦略特区に指定されている地域で特例的に認められた制度である。所定期間内に「経営・管理」の在留資格の取得要件を満たす見込みのある外国人に対して、特例により「経営・管理」ビザを発給し、最大6カ月間の創業活動を認めている。一般の外国人創業のビザの手続きとの違いは、自治体が創業活動内容の確認を行ったあとに、通常の出入国在留管理局に申請するという2段階のステップが必要となる点である。

自治体は、スタートアップビザの利用を希望する外国人創業者の創業活動計画書や履歴書など、必要書類を確認する。そして、6カ月の間に事業計画が通常の「経営・管理」の在留資格を取得できる可能性が高い内容となるかなどを判断し、妥当性がある場合に限り確認証明書を交付する。証明書の交付を受けたあと、外国人創業者は出入国在留管理局にスタートアップビザの認定申請を行う。こうして、特例的に6カ月の在留資格が与えられる。本来の「経営・管理」の在留資格に必要な二つの要件については、その期間内に整えればよいようになる。この特例により、創業する外国人は起業準備と並行しながら、在留資格に必要な手続きが可能となる。

福岡市での「外国人創業活動促進事業」の対象者は、市内で創業

12　内閣府ホームページ (http://www.chisou.go.jp/tiiki/kokusentoc/pdf/punch/y3-2.pdf) 参照。

を志す外国人である。対象業種は、①知識創造型産業、②健康・医療・福祉関連産業、③環境・エネルギー関連産業、④物流関連業、⑤貿易関連業（新規性がある事業や市内事業者の成長に大きく寄与する事業）のいずれかと定められている。福岡市の産業における国際競争力の強化や雇用の拡大が期待できることも要件である。

本制度を利用して在留資格を認定された外国人創業者は、在留期間に事業所もしくは居住地で福岡市から創業活動の進捗状況の確認を３回受ける。確認する内容は、事業所の賃貸や従業員の雇用、預金口座の開設などの手続きを進めているかどうかである。

こうした手続き面のサポートを含めた外国人創業者の創業活動の支援については、後述のフクオカグローバルスタートアップセンター（Global Start-up Center：GSC）をはじめとする福岡市独自の支援機関が行う。きめ細やかなサポートにより、外国人起業家は安心して日本でのビジネスの準備に取り組むことができている。

また、2020年６月には、事業所要件が一部緩和された。対象者は福岡市内で創業を志す外国人である。図４－１のようにスタートアップビザの活動期間の６カ月間に加え、初回の在留期間更新から次の更新までの最大１年間は、コワーキングスペースなど個室として区切られていないスペースでも、自治体が認定するところであれば、事業所とすることが可能となった[13]。なお、この緩和は、2020年現在では福岡市と仙台市でのみ実施されている[14]。福岡市ではコワーキングスペースの認定に当たり、英語などでの対応が可能なス

13　コワーキングスペースとは、別々の組織に所属している人が、それぞれ独立して仕事を行うことのできる共有のオフィスのことをいう。

14　福岡市ホームページ（https://www.city.fukuoka.lg.jp/keizai/r-support/business/startupviza.html）参照。

図4－1　外国人創業活動促進事業コワーキングスペース利用可能期間

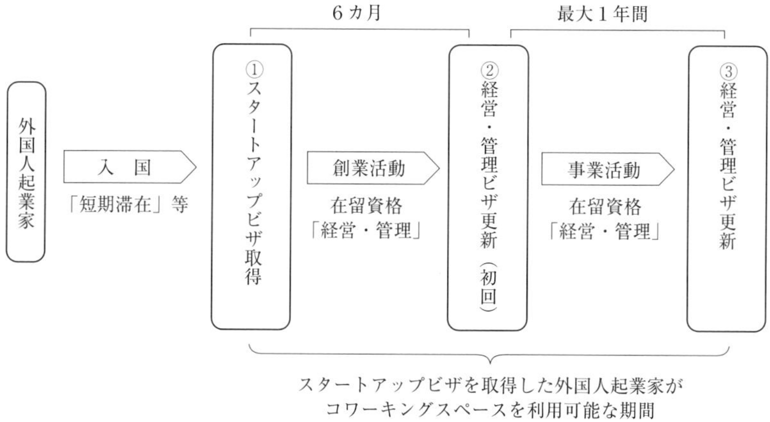

資料：福岡市ホームページを基に筆者作成

タッフが駐在するといった要件を付している。そのため、日本の生活に不慣れで、日本語が堪能ではない外国人起業家でも利用しやすい環境が整っている。現在は表4－2のThe Company、WeWorkのように海外に拠点があるものを含め、9カ所が福岡市に認定されている。

さらに、福岡市の提案した「留学生スタートアップビザ」も、2020年3月に「外国人創業活動促進事業」の制度拡充として実現された。これにより、留学生は、在学期間中および卒業後に帰国することなくスタートアップビザに切り替えることが可能となった[15]。

また、福岡市では国家戦略特区のスタートアップビザとは別に、「外国人起業活動促進事業」（経済産業省認定のスタートアップビ

15　大学や専修学校などに在籍する外国人について、地方公共団体から起業準備活動計画の確認を受けて起業活動が主たる活動となる場合、「留学」から「特定活動」への在留資格の変更が認められている。また、「特定活動」の在留資格で在留中の外国人が、大学や専修学校などでの収入をともなわない活動に従事できる。内閣府ホームページ（https://www.chisou.go.jp/tiiki/kokusentoc/r020313.html）参照。

表４－２　福岡市認定コワーキングスペース一覧（2020年12月末現在）

施設名	住　所
Fukuoka Growth Next	福岡市中央区大名２－６－11
BOOK&CO.	福岡市中央区天神４－４－11 天神ショッパーズ福岡 2F
Wissquare Fukuoka	福岡市中央区大名１－３－７ サウスステージⅠ 3F
シェアオフィス SALT	福岡市西区今宿駅前１－15-18 マリブ今宿シーサイドテラス 1F～5F
The Company キャナルシティ博多前	福岡市博多区祇園町８－13 第一プリンスビル 1F・2F
The Company 福岡 PARCO	福岡市中央区天神２－11－１ 福岡 PARCO 新館 5F
WeWork 大名	福岡市中央区大名１－１－29 1F
WeWork ゲイツ福岡	福岡市博多区中洲３－７－24 11F
G's BASE FUKUOKA	福岡市中央区大名1-3-41 プリオ大名 1F・2F

資料：筆者作成
（注）認定順に列挙している。

ザ）も扱っている。国家戦略特区のスタートアップビザとの違いは、①在留期間が最大１年間（半年＋更新後半年）であること、②在留資格が「特定活動」(起業準備を目的としたもの）となること、③特区の事業所要件緩和の制度は適用されないことの三つである。福岡市は、これら二つのスタートアップビザをうまく活用し、外国人起業家の支援に当たっている。

４　外国人創業者への具体的支援

(1) スタートアップカフェ

福岡市はパートナー企業と連携し、多種多様な人が集い、新しい

資料が並ぶスタートアップカフェの入り口

価値を生み出すプラットフォームの場として、スタートアップカフェを運営している[16]。福岡市は独自のスタートアップのエコシステムの構築を目指しており、同施設は市全体のスタートアップの裾野を広げることを目的としている。施設の利用者は、福岡市内で創業を目指す人や起業後間もない経営者などで、国籍は問わない。同施設では、創業に関する各種相談を受けたり、起業に役立つイベントを開催したりしており、英語や中国語をはじめ、多言語で対応可能なスタッフが駐在している。

相談窓口は行政手続きの機能も有しており、大きく六つに分類される。具体的には、①創業前後の起業家向け相談窓口、②外国人創業の支援窓口であるGSC、③スタートアップ企業とそこで働きたい

16　パートナー企業は、カルチュア・コンビニエンス・クラブ㈱九州カンパニー、㈱ドーガン・ベータ、㈱日本政策金融公庫、独立行政法人中小企業基盤整備機構、一般社団法人女性起業家スプラウト、福岡市男女共同参画推進センター（アミカス）、㈱アイ・ビー・ビー、福岡商工会議所である。

表４－３　スタートアップカフェ活動実績（2020年11月末現在）

起業家向け相談窓口相談件数	12,244件
カフェ利用起業者数	306件
イベント回数	1,857回
人材マッチングセンターマッチング件数	620件
マッチング成立件数	31件
福岡雇用労働相談センター（FECC）相談件数	6,460件

資料：筆者作成
（注）起業家向け相談窓口相談件数、イベント回数、カフェ利用起業者数は2014年10月から、人材マッチングセンターマッチング件数、マッチング成立件数は2016年３月から、福岡雇用労働相談センター（FECC）相談件数は2014年11月からのデータ。

人の雇用に関するマッチングを行う人材マッチングセンター、④起業に必要な定款認証や登記申請などの手続きをオンラインで行い、定款認証の印紙代４万円も不要となる開業ワンストップセンター、⑤創業間もない企業などを対象に雇用に関するルールの周知徹底と紛争の未然防止を図るための相談窓口として、厚生労働省と内閣府が運営している福岡雇用労働相談センター（Fukuoka City Employment Labor Consultation Center：FECC）、⑥国際金融に特化したワンストップサポート窓口のグローバルファイナンスセンターである。

表４－３のように、スタートアップカフェの活動実績は、創業前後の起業家向け相談窓口が2014年10月から2020年11月末までの累計相談件数は１万2,244件、起業者数は306件、イベントの累計回数は1,857回に上る。人材マッチングセンターでは、主に創業５年以内のスタートアップ企業と、スタートアップ企業で働きたい求職者をマッチングしている。2016年３月から2020年11月末までのマッチング件数は620件で、マッチング成立件数は31件である。ま

表４－４　フクオカグローバルスタートアップセンター（GSC）国別対応数の上位10カ国・地域（2017年５月～2020年10月）

順　位	国・地域	順　位	国・地域
1	台　湾	6	エストニア
2	香　港	7	フィンランド
3	ロシア	8	フランス
4	米　国	9	シンガポール
5	中　国	10	カナダ

資料：福岡市提供の資料を基に筆者作成

た、福岡雇用労働相談センターの、2014年11月から2020年11月末までの累計相談件数は6,460件である。

スタートアップカフェには三つの場としての機能がある。すなわち、①外国人創業者も含めグローバルに福岡市のスタートアップに関係する人が集うコミュニティー形成の場、②スタートアップの直面する課題の解決や、知名度や実績がまだ少なく採用に苦労しがちなスタートアップをサポートする場、③雇用・労務環境の向上に貢献する場である。こうしたさまざまな場を提供することで、多面的なサポートを展開している。

(2) フクオカグローバルスタートアップセンター（GSC）

フクオカグローバルスタートアップセンター（Global Start-up Center：GSC）は、①福岡市内のスタートアップの海外展開や、海外のスタートアップが福岡市へ進出する際の支援を行う国内外の進出支援と、②スタートアップと国内外の販売・協業先とのマッチング支援を行うビジネスマッチング支援の二つを中心として活動を行っている。国別対応数の上位は表４－４のとおりである。

イベントには多くの人が集まる

GSCは外国人が福岡市内で創業するために必要なスタートアップビザなどの行政手続きの相談をはじめ、実際の申請受け付け、申請に必要な銀行口座の開設、オフィスの不動産契約に至るまでさまざまな支援を手がけている。また必要に応じて、書類の翻訳をしたりGSCの職員が手続きに同席したりといったサポートを無料で行っている。コロナ禍に対しては、福岡市で最初に新型コロナウイルス感染症の感染が拡大した2020年4月以降、持続化給付金などの給付金情報の翻訳から、実際に着金するまでの手続きサポートに至るまできめ細やかに対応した。

ビジネスマッチング支援では、スタートアップの業種や提供サービスに応じて、企業・大学・行政へのマッチングに加えて、弁護士などの専門家の紹介、現地人材の採用紹介も含め産学官民の垣根を越えた幅広いマッチング支援を行っている。特徴として、専任のコーディネーターが、紹介から実際の連携・採用に至るまでを一元管理し、継続して支援することが挙げられる。一般的なワンストップ手続きをうたう行政支援は、税理士や司法書士などの各種手続きの専門家へ紹介した段階で支援を終えることが多い。一方、GSCはそれぞれの紹介先で先々の関連作業で課題が生じないように一元管理を支援の方針としている。言語や文化の異なる外国人の創業には、日本人の創業と比較して数々の障壁がある。GSCが仲介役として継続支援を行うことで、長期的なビジネスの継続と展開をサポートしている。

(3) 支援の制度面の特徴

福岡市は前述の国家戦略特区や経済産業省認定のスタートアップビザに加えて、市独自の支援として、①外国人が福岡市内で創業する時の住居および事業所の賃料の一部を補助する「スタートアップ賃料補助」、②国税のスタートアップ法人減税に併せて、軽減措置で最大５年間市税を全額免除する「スタートアップ法人減税」の二つを行っている。

①の「スタートアップ賃料補助」は、市の指定する事業領域で有望なビジネスプランをもつ外国人起業家が住居と事業所の賃料補助を最大で50％（住居上限７万円、事業所上限５万円）受けられる制度である。最長１年間受けることが可能で、毎年５件程度の適用がある。

②の「スタートアップ法人減税」は、図４－２のような減税措置を受けられる制度である。対象者には、(a) 法人設立から５年未満の法人であること、(b) 国家戦略特区の規制の特例処置などを活用するなど一定の要件を満たしていること、(c) 医療・国際・農

図４－２　スタートアップ法人減税対象法人の法人実効税率イメージ

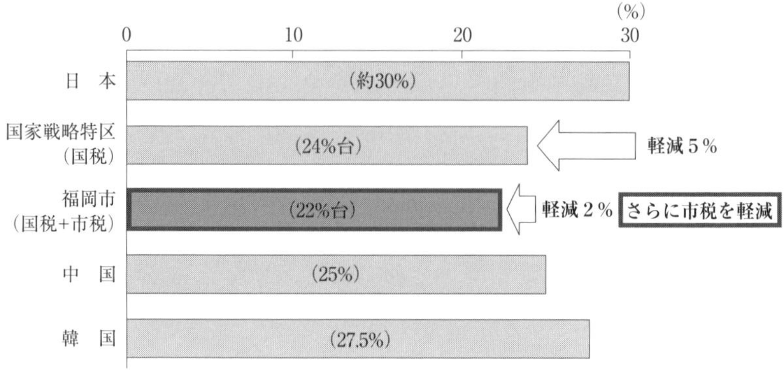

資料：福岡市「スタートアップ法人減税制度のご案内」(2020年４月) を基に筆者作成

業・一定のIoT・先進的なITの５分野で革新的な事業を行っていること、という三つの要件がある。福岡市はスタートアップ法人減税が適用された場合、近隣国の中国や韓国よりも法人税が優遇されるとしている。

そのほか、外国人起業家に特化した制度ではないが、「福岡市研究開発型スタートアップ成長支援補助金」や「福岡市ステップアップ助成事業」において、外国人起業家が採択されている。

(4) 福岡市に関する情報の発信

出口 (2015) は、世界で最も影響力のある言語は英語で、日本語は９位であるとしている。インターネット上で使われている言語の割合も2011年では英語が26.8%と最も多く使用され、日本語は4.7%にすぎない。日本国内で外国人の創業を促進するためには、海外に住む起業検討者へ向けて英語での情報発信が必須となる。日本語だけでは十分とはいえない。

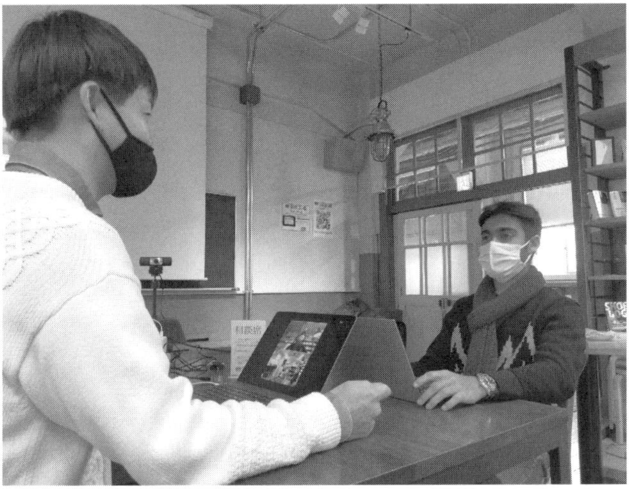
フクオカグローバルスタートアップセンターでの相談風景

そこで福岡市では、市内での創業に役立つ情報を英語で発信している。方法としては、①約2,300人を対象とする英語版メールマガジンの配信、②市の施策などを紹介する英語版ウェブサイト「Startup City Fukuoka」と市内スタートアップ約60社の英語版情報データベース「MATCHUP FUKUOKA CITY」の運営、③Facebookと欧米でビジネスSNSの主軸となっているLinkedInで市が作成した「Startup City Fukuoka」アカウントからの情報発信の三つが挙げられる。2020年12月にはFacebookのフォロワー数が6,375人となり、注目を集めるようになってきている。

また、行政とは別に民間の取り組みも挙げられる。生活情報誌として民間事業者が1998年12月に創刊した月刊情報誌『フクオカ・ナウ』は英語と日本語が併記されており、毎月１万5,000部が無料で発刊されている。1999年からウェブ版も配信され、観光客に限らず外国人居住者や国際志向の日本人が九州で過ごすための実用的でタイムリーな情報発信を行っている。

(5) 国内外イベントへの積極的な出展

国家戦略特区を活用しグローバルな創業環境づくりを推進する手段の一つとして、2016年以降、国内外のスタートアップ企業向けのイベントに市職員が福岡市内のスタートアップ企業と一緒に参加し、外国人の創業促進と市内のスタートアップ企業の海外展開の支援を行っている（表４－５）。また、海外イベントへの参加時に福岡市ブースを設置し、GSC コーディネーターも同行してマッチング支援を行っている。

(6) 国内外の他機関との連携

福岡市は、表４－６に示した15の海外組織と、スタートアップの相互支援に関する MOU（覚書）を締結している[17]。高島（2018）は海外との MOU の目的を、国境を越えたビジネスの創造やコラボレーションを促進するため、世界の都市の優れたスタートアップを福岡市へ呼び込み、逆に福岡市のスタートアップ企業のグローバル展開も支援するためとしている。施策としては、コワーキングスペースなどの利用料金を相互に減免したり、イベントを実施したりといったことが挙げられる。

また、市内で起業する外国人や日本人を産学官民の連携によっても支援している。主な例として、①官民共働型スタートアップ支援

17　MOU とは Memorandum of Understanding の略である。日本語では了解覚書と訳されるが、単に覚書と呼ばれることもある。当事者間の合意事項を記した文書で、法的拘束力はない。

表4－5　福岡市・フクオカグローバルスタートアップセンター（GSC）の国内外イベント参加状況（2016年度～2018年度）

日　付	イベント名称等	開催地	福岡市ブース有無	福岡市イベント開催有無	GSC参加有無
2016年5月	SLUSH ASIA	千　葉	○	○	
2016年5月	Latitude59	エストニア タリン	○	×	
2016年7月	IDEAAS Show	台　湾 台　北	○	○	
2016年11月	SLUSH	フィンランド ヘルシンキ	○	○	
2017年3月	SLUSH TOKYO	東　京	○	×	
2017年5月	Latitude59	エストニア タリン	○	○	×
2017年5月	Inno VEX	台　湾 台　北	○	×	×
2017年11月	Meet Taipei	台　湾 台　北	○	×	○
2017年11月	UltraHack	フィンランド ヘルシンキ	×	×	○
2017年11月	SLUSH	フィンランド ヘルシンキ	○	○	○
2018年2月	SLUSH TOKYO	東　京	○	×	○
2018年5月	Startup Thailand	タ　イ バンコク	○	×	×
2018年5月	Latitude59	エストニア タリン	○	○	○
2018年11月	Meet Taipei	台　湾 台　北	○	×	○
2018年12月	SLUSH	フィンランド ヘルシンキ	○	○	○
2019年2月	SLUSH TOKYO	東　京	○	×	○

資料：福岡市提供の資料を基に筆者作成
(注）フクオカグローバルスタートアップセンター（GSC）は2017年5月開設。

表４－６　福岡市のスタートアップの相互支援に関する MOU（覚書）締結の推移

国・地域	相手方	締結年月	締結順
米　国	サンフランシスコ民間施設「ディーハウス」	2016年６月	1
エストニア	政府系機関「エンタープライズ エストニア」	2016年11月	2
	政府系機関「スタートアップ エストニア」	2016年11月	3
	政府系機関「タリンサイエンスパークテクノポール」	2016年11月	4
フィンランド	ヘルシンキ市	2016年11月	5
台　湾	政府系機関「台湾スタートアップハブ」	2016年11月	6
	台北市	2017年２月	7
	政府系機関「台湾経済研究院」	2018年９月	14
フランス	ボルドー都市圏組織 「ボルドーメトロポール／テクノウエスト」	2017年５月	8
ニュージーランド	オークランド市	2017年７月	9
シンガポール	政府系機関「ACE」	2017年９月	10
ロシア	サンクトペテルブルク市 「サンクトペテルブルクテクノパーク」	2018年５月	11
タ　イ	政府系機関「タイ国家イノベーション庁」	2018年６月	12
スペイン	バルセロナ市「バルセロナアクティバ」	2018年９月	13
イスラエル	政府系機関「イスラエルイノベーション庁」	2019年11月	15

資料：筆者作成

施設の Fukuoka Growth Next（FGN）、②福岡地域戦略推進協議会（FDC）、③官とエンジニアが協力し、エンジニアが働きたいと思うようなまちづくりを目指してムーブメントを創出する施設であるエンジニアカフェ、④明星和楽イベント内での国際ビジネスマッチングイベント「WARAKU SUMMIT」がある。

① FGN は築90年以上の歴史ある旧大名小学校の校舎を活用した施設で、民間企業との連携で2017年４月から運営を開始した[18]。スタートアップのさらなる成長や中小企業の第二創業の促進を図るた

18　FGN の事業者は福岡市、福岡地所㈱、さくらインターネット㈱、GMO ペパボ㈱である。

め、スタートアップカフェと官民共働のインキュベート施設として、オフィス（個室、コワーキングスペース）を併設し、イベントの開催などグローバルに開けたスタートアップ支援を行っており、累計420社以上の入居実績があり、2021年1月現在の入居企業は150社である[19]。そのうち外国人が創業した企業の入居は13社、運営当初からの入居実績は累計約30社である。

FGNも、個別に海外と連携している。台湾の経済産業省に当たる国家発展委員会の下部組織で、スタートアップの海外展開の支援やインバウンドの受け入れを行う台湾スタートアップスタジアム（台灣新創競技場）とは、大規模イベントへの参加や相互の支援内容の共有など、グローバル化に向けた連携を進めている[20]。

②福岡地域戦略推進協議会（FDC）は、福岡都市圏を核として、九州全体の国際競争力を強化するため、成長戦略の策定から推進までを一貫して行う産学官民一体のシンク＆ドゥタンクである[21]。海外に関する支援としては、外資系企業や外国人起業家の招致などのインバウンドと、福岡を拠点としグローバル進出を計画する企業への支援を行うアウトバンドの両面で、数々の事業性あるプロジェク

19　イベントの例では、「ファウンダーズライブ福岡」という、99秒のエレベーターピッチと10分間の質疑応答をスタートアップが英語で行うイベントを実施した。エレベーターピッチとは、エレベーターに乗り合わせたくらいの短い時間で相手に事業の説明を行うという、北米で生まれたプレゼンテーションスタイルである。グローバルな創業者が集う交流会「インターナショナルミートアップ」は英語で行われ、フランス、オーストラリア、インドネシア、英国、米国、中国、韓国など、さまざまな国籍の外国人起業家が参加している。

20　2020年には、台湾の全国スタートアップイベントである「Meet Taipei」に参加した。

21　シンク＆ドゥタンク（Think and Do Tank）は、シンクタンク（Think Tank）の機能と、計画の実行を専門家が支援するドゥタンク（Do Tank）の機能の両方をもつ組織である。

トを推進している。その活動の一環として、福岡市のMOUに加えて、FDC独自でも海外と三つのMOUを締結している。締結先は、フィンランド都市圏の産学官連携組織であるヘルシンキビジネスハブ、中国広東省にある広州民営投資㈱、国連ハビタットである。ヘルシンキビジネスハブと広州民営投資㈱とのMOU締結は、福岡市の東アジアのビジネスハブとしての役割を見据えた地域のグローバル化の一環としての取り組みである。国連ハビタットと結んだ包括連携協定は、アジア太平洋地域へのアウトバウンド強化の推進策として位置づけられる。また、海外からの事業進出の際に、FDCの官民合わせて200を超える会員に向けたアプローチが可能であることは、信頼性とスピード感をもった市場開拓につながっており、福岡市の外国人創業支援の独自の強みといえる。

③エンジニアカフェは、エンジニアが集まり、活躍し、成長する街をエンジニアとともに行政がつくる取り組み「エンジニアフレンドシティ」の一環として2019年に設立された。施設内では、海外出身のエンジニア経験のあるコミュニティーマネージャーが相談を受け付けるほか、エンジニア向けの勉強会やイベントが頻繁に開催される。英語を使った交流やディスカッションの機会も設けている。

④ WARAKU SUMMITは官民コミュニティーイベントである明星和楽のなかで行う、国際ビジネスマッチングイベントである。スタートアップ、ベンチャーキャピタル、支援者などが海外から集まり、事業の内容を発表したり、自社の取り組みをブースで展示したりして、ビジネスマッチングが行われている。

また、外国人創業者に限らず、スタートアップの成長支援として、官民が共働して多数の地場企業との事業提携の機会を設けている。さらに、グローバル成長支援に向けた取り組みもある。起業家のグローバルマインド育成事業の具体例として、2016年から毎年開催されている海外研修プログラム「Global Challenge! STARTUP TEAM FUKUOKA」が挙げられる。プログラムでは、前半に国際的なビジネス経験が豊富な講師からグローバルビジネスの基礎を学ぶ。後半は実際に受講生がサンフランシスコとシリコンバレーを訪問し、現地イベントに登壇したり、グローバル企業を視察したりする機会を与えられ、グローバルな起業に必要な教育を受ける。過去の訪問先にはFacebookやAirbnbなど世界的な企業があり、参加者には外国人も含まれる。

学との連携では、九州大学や九州産業大学など教育機関の起業支援も盛り上がりをみせている。さらに、民間が主導するコミュニティーイベントも多数生まれたほか、官と連携した国際イベントも開催されている[22]。

5　外国人創業者支援の成果

(1) スタートアップビザ申請

2015年12月の国家戦略特区のスタートアップビザ受け付け開始から2020年11月までの、特区と経済産業省のスタートアップビザ

22　民間主導のイベントの例としては、2017年から毎年開催されている学生の起業ムーブメントを牽引する「TORYUMON」が挙げられる。また、行政が主導した取り組みとしては、2020年11月25日から27日まで開催された「STARTUP FUKUOKA 3 DAYS」がある。福岡市、㈱ふくおかフィナンシャルグループ、一般社団法人StartupGoGo、FGN、福岡地域戦略推進協議会が連携し、イベントが開催された。

を合わせた申請数は合計92件に上る。図４－３のように、業種内訳では「知識創造型産業」の申請が多くみられ、続く「貿易」を加えた２業種が全体の８割に及ぶ。福岡市の進める知識創造型産業の推進の取り組みや、東アジアのビジネスハブを目指す市政の特色が、外国人創業者の数にも反映された。

また、他の国家戦略特区と比較すると、スタートアップビザ利用数は2020年３月の時点で、福岡市79件、愛知県25件、仙台市５件、北九州市５件、新潟市３件、今治市２件となった[23]。東京都の145件を除くと、自治体で最多の成果が出ている（図４－４）。

福岡市提供の資料によれば、2020年11月現在、福岡市における92件のスタートアップビザ申請のうち、すでに74件が確認証明書の交付を受けてビザを取得しており、さらには６件が審査中もしくは交付予定となっている。また、スタートアップビザによる創業活動を行った69件のうち45件が「経営・管理」の在留資格を取得している。

「スタートアップ賃料補助」の申請者数に関しても、2016年から毎年順調に認定者数が伸びている。市の指定する事業領域で有望なビジネスプランをもつ外国人が、創業活動を行っていることが確認できる。福岡市提供の資料によると、申請数は2016年度が８件、2017年度が11件、2018年度が８件、2019年度が９件、2020年度が９件と推移している。また、認定者数をみてみると、2016年度が５件、2017年度が４件、2018年度が４件、2019年度が３件、2020年度が５件となっている。

23　国家戦略特区のスタートアップビザの件数。

図４－３　福岡市のスタートアップビザ申請件数（業種別）

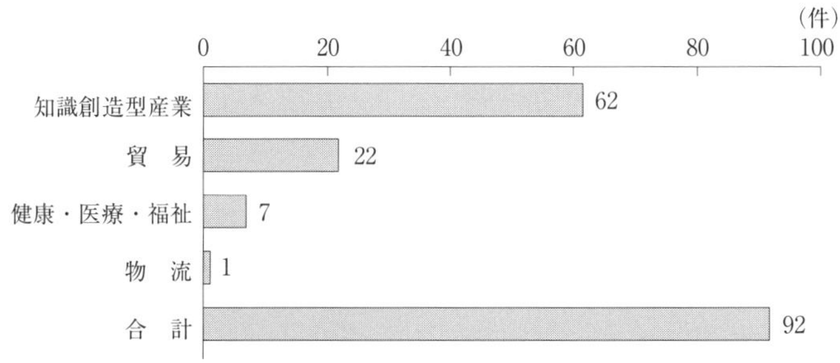

資料：福岡市提供の資料を基に筆者作成
（注）件数は、2015年12月の国家戦略特区のスタートアップビザ受け付けが開始された2015年12月から、2020年11月末までの累計。

図４－４　国家戦略特区別のスタートアップビザ申請件数（2020年3月末までの累計）

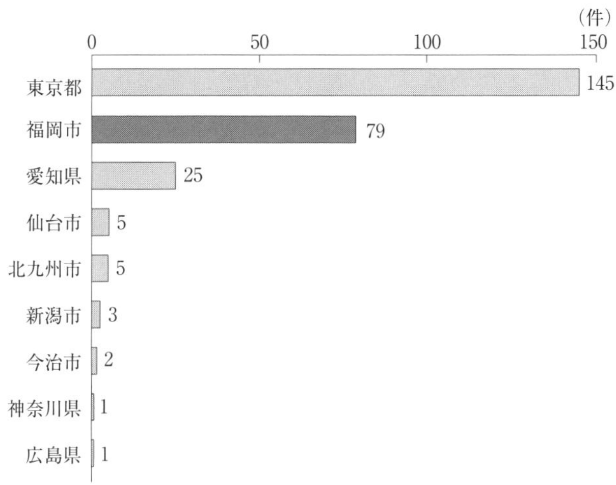

資料：内閣府「国家戦略特別区域会議合同会議資料」（2020年５月28日）

(2) 外国人の創業企業との事業マッチング

外国人起業家支援の一つであるビジネスマッチング事業をとおして、福岡市に拠点を置く企業と海外企業との数々のマッチングが生まれている。その一例として、「明星和楽2019 WARAKU SUMMIT」

表4－7　明星和楽2019WARAKU SUMMIT での主なマッチング事例

海外企業	福岡市内企業
エストニアのスタートアップ　Pillirookõrs (葦でできたストローの製造販売)	コーヒーショップ (同)シードビレッジ
台湾のスタートアップ　Idrip (ハンドドリップコーヒーメーカー)	コーヒーショップ (同)シードビレッジ
シンガポールのスタートアップ　SecureAge (サイバーセキュリティサービス)	スタートアップ (株)イーグルツリー
フランス（ボルドー）のスタートアップ　Akeros (あらゆるモビリティを自動運転や走行／雨天に関する情報や制御情報を一括管理できるシステム開発)	スタートアップ (株)トルビズオン
ヘルシンキ発ロシア拠点のスタートアップ　ROBBO (教育用のハード／ソフトウエアを提供)	スタートアップ (株)ネクストステップ

資料：福岡市提供の資料を基に筆者作成

の海外参加者数とマッチングが挙げられる。本イベント参加者は海外連携先14拠点から52人に上った[24]。ビジネスマッチング支援の実績は、表4－7のとおりである。例えば、エストニアのPillirookorsは、本イベントをきっかけに国内の販路を拡大し、東急ハンズや六本木蔦屋書店など大型店舗への販売実績も生まれた。この背景には、スタートアップの提供する商品の良さを十分に理解したうえで、協業先とのマッチングを行うGSCの姿勢がある。マッチング先のニーズに合致する確率が上がり、短期間で成果をあげることにも貢献している。

こうした地道な支援事業の信頼性は、福岡市で起業を検討する外国人にも徐々に知られるようになり、GSCへ相談に訪れる外国人

24　海外連携先の拠点数は、WARAKU SUMMITを開催した2019年10月時点のMOU連携先数と一致する。参加者の内訳は支援機関などから20人、スタートアップ企業から26社32人である。

の事業規模にも変化がみられる。2017年の相談窓口開始当初は、創業をした経験がなく、資本金500万円ほどの小規模で事業を始める外国人の相談が多数を占めていた。ところが、2020年には、すでに母国で事業を営む、資金力をもった起業家からの相談が増えている。日本への進出のため、福岡市での創業を選ぶ案件が増加傾向にあるという成果も出てきた。また、海外イベントに出展して招致活動に取り組んだ結果、福岡市の知名度が徐々に上がり、イベント参加者から福岡市という都市の名前を聞いたことがあるといわれる頻度も高まっているという。

順調にビジネスを拡大したモデルケースも数社現れている。例えば、カナダ出身の起業家が率いる、３Ｄスキャニング技術を提供するスチームパンクデジタル㈱は、その技術が評価され、福岡市博物館にも採用されている。ビジネス拡大に成功した会社の傾向としては、自社の高い技術力に加え、①日本語の堪能なビジネスパートナーの参画、②福岡市の販売・協業先へのマッチング支援の活用、③日本のベンチャーキャピタルからの資金調達などがみられる。反対に、提供サービスのつくり込みが浅く、独自の技術がなく、日本語で十分な事業説明が行えないなど言語コミュニケーションが不十分な場合は、販売・協業先や資金調達先がみつからず、ビジネスの拡大が困難となるケースも存在している。

(3) 実証実験フルサポート事業の活用

2016年以降、福岡市は福岡地域戦略推進協議会（FDC）と連携し、「実証実験フルサポート事業」を実施している。実証実験の環境を提供することで福岡発の新サービスを創出し、世界の都市間競争における福岡市の強みとすることを目指しており、国家戦略特区の規制緩和の活用も可能である。石丸（2020）は、「実証実験フルサポート事業」で国家戦略特区の規制緩和を利用することにより、試作品段階でマーケティングを行うことが可能となったとしている。福岡市は、国家戦略特区ではない他の都市と比べ、規制緩和を活用した実証実験に取り組みやすく、東アジアでのビジネス展開を希望する外国人起業家にとって魅力的な環境が整っている。

「実証実験フルサポート事業」については、海外から進出した企業の採択実績もある。2019年度には、光無線通信を活用した屋外における大容量長距離通信を提供するサウレテクノロジー㈱（エストニア）と、飲食店の順番待ちの行列の解消アプリを提供するQueQ JAPAN㈱（タイ）が採択されている。2020年度には、着信番号識別・迷惑電話対策アプリ「Whoscall（フーズコール）」の開発・運用を手がけるGogolook㈱（台湾）が選ばれた。

（4）情報発信力の高まり

高島市長は、国内に限らず海外に向けても積極的に情報を発信しており、海外の雑誌やメディアにも取り上げられている。デンマークの出版社が発行する雑誌『Startup Guide Japan』では、リスクを冒して挑戦する人々が尊敬されるまちづくりへの姿勢を語った[25]。2017年には、スイス東部のダボスで開かれる「世界経済フォー

25 『Startup Guide Japan』は、世界の起業家が日本でスタートアップ企業を設立する際の足がかりとなるよう創刊された雑誌で、デンマークの出版社であるStartup Guide社が発行している。2020年10月の創刊号で、スタートアップ振興が盛んな都市として福岡・京都・大阪・仙台・東京が特集された。

ラム」(ダボス会議）に日本の市長として初めて招待された[26]。後掲表4－8のように、海外のスタートアップイベントに市長自らが数多く参加し、英語のスピーチで福岡への企業誘致に関するメッセージを発信している。

こうした市長の取り組みに加え、第4節で紹介した福岡市や民間による英語での情報提供、海外イベントへの積極的参加、海外機関との連携などもあって、福岡市全体の海外向けの情報発信力が強化されてきた。

高島市長は、先進的な国家のイメージを発信していくことが、世界中の優秀な起業家やエンジニアを引きつけ、関係人口と交流人口を増やすことにもつながるとも指摘している(高島､2018)[27]。福岡市では、関係人口を増やすことで、交流人口増につなげようという取り組みを行っており、こうした行政の取り組みは市民から支持を集めている。2020年11月に発表された福岡市政への市民からの信頼度は、過去最高の83.9%となった[28]。

(5) 外国人起業家のイベントへの参加

2019年から2020年のグローバルスタートアップ推進事業の国内外イベント参加実績をみると、福岡市で創業する外国人起業家の積

26　ダボス会議は毎年1月に開催される。世界の首相や多国籍企業の経営者などが集まり、世界が直面する重要な問題について議論する。

27　関係人口とは､頻繁にその地域に足を運ぶわけではないが､その地域に興味をもって調べたり、その地域の産品を買ったりするなど、フォロワーのようにさまざまな形でその地域とかかわっている人のことと定義されている。交流人口とは、その地域を仕事や遊びで訪れる人のことである。

28　福岡市ニュースリリース「「福岡市政への信頼度」過去最高値を更新 !!」(2020年11月)（https://www.city.fukuoka.lg.jp/data/open/cnt/3/78643/1/fukuokasiseihenosinnraidokakosaikoutiwokousinn.pdf）参照。

極的な参加が目立つ（表４－８）。市が地道に国際イベントへ参加してきた成果が、起業家の海外展開への意欲を高めている。例えば、2020年にフィンランドと結びオンラインで開催された「Node by Slush」には福岡市から５社が参加したが、そのうち３社の社長は外国人であった[29]。このように、日本人起業家だけではなく、外国人起業家も福岡市を拠点にして海外展開を積極的に狙っているというのも福岡市の特徴といえる。

(6) 外国人創業者の評価と海外メディアの注目

福岡市の地道な取り組みと、実際に福岡市で創業した外国人起業家の評価の高さから、福岡市は海外主要メディアからも注目されている。例えば2019年に、英国のテレビ局 BBC が「Why Fukuoka is Japan's most innovative city（福岡が日本で最も革新的な都市である理由）」と題して、福岡の国家戦略特区を活用した創業支援を含めた魅力を紹介した。こうした報道も、福岡市が海外の起業家からスタートアップ都市として認知される要因の一つとなっている。

また、米国の経済誌『Global Finance』（2020年10月号）では「住みやすい都市」世界ランキングの34位に福岡市が選ばれている。福岡市で創業する外国人起業家やそれを支援する行政担当者、投資検討を行うベンチャーキャピタリストへのヒアリングによると、フレンドリーでオープンマインドな福岡市民の人柄は、東京などの日本の他都市と比較しても好印象であるとされる。実際に、国内の他都市で起業経験のある外国人創業者が福岡に移住するケースも増え

29　dopang㈱（インドネシア）、㈱Qurate（英国）、(同)Studio Treant（台湾）の経営者が参加した。

表４−８　グローバルスタートアップ推進事業国内外イベント一覧（2019年４月以降）

（1）福岡市内スタートアップ向け

日付	イベント名称等	開催地	参加者数（人）	市長参加	福岡市スタートアップ参加数（件）	うち海外起業家スタートアップ（件）	海外スタートアップ参加数（件）
2019年5月	Latitude59 2019	エストニア タリン	2,524	○	6	2	−
2019年7月	Startup Thailand 2019	タイ バンコク	40,000	−	7	1	−
2019年11月	Meet Taipei 2019	台湾 台北	70,000	−	3	1	−
2019年11月	SLUSH 2019	フィンランド ヘルシンキ	25,000	○	4	3	−
2020年8月	Latitude59 2020（ハイブリッドイベント）	エストニア タリン	1,856	−	10	4	−
2020年10月～12月	Node by Slush（オンラインイベント）	フィンランド ヘルシンキ	−	−	5	3	−

（2）海外スタートアップ向け

日　付	イベント名称等	開催地	参加者数（人）	市長参加	福岡市スタートアップ参加数（件）	うち海外起業家スタートアップ（件）	海外スタートアップ参加数（件）
2019年4月	Russian Startup Pitch Battle	福岡市	−	−	−	−	4
2020年9月	Master Class: JAPON（ボルドースタートアップ向けウェビナー）	フランス ボルドー 福岡市	−	−	−	−	−

（3）福岡市内・海外スタートアップ向け

日　付	イベント名称等	開催地	参加者数（人）	市長参加	福岡市スタートアップ参加数（件）	うち海外起業家スタートアップ（件）	海外スタートアップ参加数（件）
2019年5月	Fukuoka Startup Day	ロシア サンクトペテルブルグ	−	−	3	0	7
2019年5月	Latitude59 2019内 福岡市主催イベント	エストニア タリン	−	○	4	2	4
2019年10月	WARAKU SUMMIT	福岡市	2,200	○	多数	多数	26
2019年11月	SLUSH 2019内 福岡市主催イベント	フィンランド ヘルシンキ	−	○	3	2	5
2020年8月	Latitude59 2020内 福岡市主催イベント（ハイブリッドイベント）	エストニア タリン 福岡市	−	○	3	0	3

資料：福岡市提供の資料を基に筆者作成

てきているという。外国人創業者は、環境やコストパフォーマンスなどの住みやすさに加えて、市民の人柄の魅力も評価しているようだ。

6　予想される将来像

(1) グローバル拠点都市に選定

外国人起業家支援に関連する福岡市の将来像として、内閣府より選定されたグローバル拠点都市の取り組みが挙げられる。2020年２月に福岡市は、内閣府による「世界に伍するスタートアップ・エコシステム拠点形成戦略」に係る事業で、グローバル拠点都市に選定された。このグローバル拠点都市には、スタートアップ・エコシステム東京コンソーシアム（東京都、川崎市、横浜市、和光市、つくば市、茨城県等)、Central Japan Startup Ecosystem Consortium (愛知県、名古屋市、浜松市等)、大阪・京都・ひょうご神戸コンソーシアム（大阪市、京都市、神戸市等)、福岡スタートアップ・コンソーシアム（福岡市等）の４カ所が選定されたが、単独の地方自治体で選定されたケースは福岡市のみである[30]。グローバル拠点都市に選ばれた地域では、文部科学省や経済産業省をはじめ、各省庁と連携して国の補助事業、海外展開支援、規制緩和などが積極的に実施される予定である。福岡市は今後、国の支援も活用しながら産学官民の連携を深めつつ、さらなるスタートアップ支援への取り

30　コンソーシアムは、地方自治体、大学、民間組織（ベンチャー支援機関、金融機関、デベロッパーなど）を構成員とするものである。

組みを進める方針である[31]。

(2) 国際金融都市構想へ向けた取り組み

日本に世界の金融ハブをつくる政府の「国際金融都市構想」を受け、福岡市は東京都、大阪府とともに国際金融機能誘致に名乗りを上げている。そこで、産学官の連携組織 TEAM FUKUOKA が、福岡市の特徴を生かした誘致に向けて設立された。TEAM FUKUOKA では、住居や教育を含めグローバル化に対応する環境整備を盛り込んだ施策について議論されている。

誘致に向け、スタートアップカフェ内にも2020年10月に前述のグローバルファイナンスセンターが開設された。その他の誘致施策として、国際金融アンバサダーの委嘱なども開始されている。TEAM FUKUOKA は、誘致の優位性として①東アジアとの距離、②福岡ならではの住みやすさ、③ BCP の観点から東京や大阪との同時被災リスクが低い日本海側に面した唯一の大都市であることなどを挙げている[32]。

また、福岡市では都心部において再開発が行われており、ビルの建て替えが進んでいる。感染症対策を対象とした容積率の緩和も打ち出すなど、国際競争力を強化したまちづくりを推進している[33]。実際に国際金融機能誘致が成功した場合、外国人起業家にとっても

31　福岡市ニュースリリース「内閣府 スタートアップ・エコシステム拠点形成戦略 福岡市が「グローバル拠点都市」に選定されました！」(2020年7月)(https://www.city.fukuoka.lg.jp/data/open/cnt/3/59163/1/308.pdf) 参照。

32　BCP (Business Continuity Plan：事業継続計画)は、災害発生時に事業への影響を最小限にとどめ、事業の継続や早期の復旧を促すための事前計画のことである。

33　福岡市ニュースリリース「世界に先がけた感染症対応シティへ！～生まれ変わる都心 ピンチをチャンスへ～」(2020年8月)(https://www.city.fukuoka.lg.jp/data/open/cnt/3/47658/1/release200827.pdf) 参照。

資金を調達しやすくなることが予想される。

7　課題と提言

(1) 事業拡大期までの継続支援

外国人の創業を促進するための支援については、支援の終わりをどこまでに定めるのかの見極めが難しい。ビジネスを展開するうえで生じる問題の多くは創業後に生じていることが、福岡市の支援をとおしても明らかになっている。文化の異なる環境でビジネスを行う外国人起業家は、外国人特有のさまざまな問題に直面する。例えば、商談から成約までの商談回数を含めた作法の違い、日本企業特有の組織コミュニケーションの壁といったことが挙げられる。そのため、外国人創業者がビザを取得したあとも、ビジネスの継続や展開にかかわるあらゆる経営課題に寄り添う支援が必要であるといえる。行政支援には予算の限りもあるが、仮にスタートアップビザの取得や会社設立で支援を終了とすると、ようやく芽生えた外国人創業の芽を摘むことにもなりかねない。

福岡市ではこうした課題の解決策として、創業後も継続したサポートを行うことにより、外国人創業者のビジネスの継続と成長をサポートしている。また、そこから累積した知見が、新たな相談に対するレスポンスの効率と効果を高めることにつながっている。外国人の創業支援をどこまで行うか支援の範囲を検討する自治体があれば、まずはビジネス拡大のモデルケースを増やすという選択肢を取るべきだと考える。

(2) 要望を取り入れる範囲

制度や資金調達において、外国人創業希望者からの改善に関する要望をどこまで取り入れるかという課題も出てきている。例えば、個室事業所を開設しなくても在留資格を取得できるようにしてほしいという要望に対して、福岡市では国家戦略特区を活用し、コワーキングスペースでの要件充足を可能としている。従来の基準であれば、外国人創業者に対して、より高い経営力や資本力が期待されていた。個室の事業所を借りることができ、雇用するだけの経営力や資本力がある外国人創業者のみが選抜され、日本で創業できる環境にあったのだ。ただ、創業へのハードルが高いことが、誘致件数のさらなる増加の足枷（あしかせ）になっていた。

確かに、創業当初から個室事業所を開設する必要がなくなれば、長期的な観点でみると、事業を拡大していく可能性のある、より多くの外国人創業者の誘致につながる。だが、短期的には、創業当初は従業員を雇用しなくてよいという解釈にもつながりかねず、創業初期での雇用拡大に課題が生じる。制度設計において、希望者の要望をどこまで取り入れるかは、諸外国と比較しつつ、その基準が適切であるかのバランスを見定め、改善を検討すべきである[34]。

(3) ビジネスコミュニケーションの壁

出口（2015）は日本人の英語力は世界最低水準だと課題を提起している。世界共通の英語試験である TOEFL iBT の2014年スコアで比較すると、日本は120点中70点で、アジア30カ国中の第26位

34　ビザの有効期間を最初から５年にしてほしいなど、福岡市だけでは対応の難しい要望もあった。

という結果が出ている。上位国をみると、第1位のシンガポールは98点、第2位のインドは91点、第9位の香港でも83点となっており大きく差が開いている。2019年のTOEFL iBTの結果をみても、この順位差はほぼ変わらない[35]。実際に福岡市で創業する外国人起業家にとっても言語の壁は高く、進出後のビジネスコミュニケーションが課題となっている。資金調達においても、言語の壁は指摘される。ベンチャーキャピタリストからは、事業内容を日本語で伝えられるかどうかは、投資検討のうえでも重要視するという意見がある。また、日本へ進出を検討する外国人起業家を誘致するうえでは、上記のようなビジネスや資金調達の場面はもちろんのこと、日常生活におけるコミュニケーションにも言語の壁があるといえるだろう。

ビジネスコミュニケーションの壁の問題を解決するため、外国人起業家向けにアクセラレーションプログラムの開設が求められる。アクセラレーションプログラムを実施することで事業内容の検証や事業の拡大、資金調達などの実践的な知識も学べるため、事業の継続性と成功の確率を高めることが期待できる。前述のFGN事務局員へのヒアリングによると、外国人と日本人の相互理解の場を創出するとともに、日本独自のビジネスマナーなどビジネスに必要な知識を学べるようなアクセラレーションプログラムの検討を進めているという。

(4) 資金調達と事業内容の変更

外国人起業家にとって、資金調達の難度は依然高い状況にある。

35 https://www.ets.org/s/toefl/pdf/94227_unlweb.pdf

理由としては、①ビザの更新の可否によりいつまで日本に在留できるかが不明確である、②国内にある不動産を担保として提供したり日本在住の保証人を立てたりすることが難しい、③言語や文化の違いから金融機関の担当者へ事業内容を十分に説明できないなどが挙げられる。

また、ビザの関係上、日本人の事業と比較すると事業内容の変更も容易ではない。市場動向が大きく変化した場合においても、事業の転換が困難なのである。こうした現状は、変化の激しい世界経済への対応を迫られる現代において、外国人起業家の足枷になるのは明らかである。制度の柔軟な対応が求められるといえる。

(5) 日本人の採用

外国人による創業では、日本人の経営者と比較して、日本人の採用が困難であることがうかがえる。スタートアップビザ取得者の雇用件数を調査したところ、安定した事業展開を進めている数社でも、正社員として採用した日本人の人数は３人前後であった。その他の企業においては、採用をまったく行わないか、非正規雇用で事業を展開していた。日本人の正社員採用に至るまでには苦戦を強いられている。福岡市のビジネスマッチング事業により雇用機会も生まれているが、自社採用に至るマッチングの成功事例は依然少なく、正社員雇用を行えるまでに利益を出しつつ事業を続けている企業は多くない。日本人の採用への課題が残る。

こうした現状において、日本人の採用に代わり、日本語や日本の文化を大学で学ぶ留学生の受け入れも選択肢の一つといえる。福岡市では、「留学生を対象とした有償の長期就業体験（インターンシップ）事業」を、2016年度から行っている。2019年度までに45人が参加しており、福岡市内の企業と留学生とのインターンシップのマッチングは12件実現している。また、2019年までの参加者のうち、５人がインターンシップ先の企業にそのまま就職し、１人は福岡市で創業を果たしている。外国人創業の企業にとって留学生の受け入れは、雇用を実現する可能性を広げると考えられる。

(6) 海外との比較からみえる課題

労働政策研究・研修機構（2018）によると、日本の労働力人口に占める外国人の比率は1.6％と、シンガポール（38.5％）、英国（10.3％）などと比較しても低い。MOU 締結先のエストニアやフィンランドと日本の外国人創業支援とで、根本的に異なる点は国内の外国人の比率であると GSC は指摘している。フィンランドはそもそも外国人が多くいるため、都市部の市民は外国人に英語で対応するのが当たり前であり、英語を共通言語としてコミュニケーションを取ることができる。一方、外国人が少なく、英語を共通言語としない日本では、資金調達やアクセラレーションプログラムを含めた起業家のコミュニティー参加、地場産業や大学・研究機関との連携など、エコシステムの形成面でハードルが高い印象だとしている。

起業家精神に関する世界的な調査である GEM（Global Entrepreneurship Monitor）でみた日本の総合起業活動指数（Total Early-Stage Entrepreneurship Activity：TEA）は、長年ほかの国よりも低い水準で推移しており、2019年調査では5.35％と、50カ国中第47位であった（表４－９）。出口（2015）は、日本の TEA が低いことを問題とし、大企業を「ローリスク・ローリターンの国

表４－９　主要７カ国の総合起業活動指数（TEA）の推移

（単位：％）

調査年／国	2001	2002	2003	2004	2005	2006	2007	2008	2009	2010	2011	2012	2013	2014	2015	2016	2017	2018	2019
米　国	11.07	10.62	11.85	11.27	12.44	10.03	9.61	10.76	7.96	7.59	12.34	12.84	12.73	13.81	11.88	12.63	13.64	15.59	17.42
フランス	5.72	3.13	1.63	6.03	5.35	4.39	3.17	5.64	4.35	5.83	5.73	5.17	4.57	5.34	－	5.32	3.92	6.13	－
イタリア	9.11	5.74	3.11	4.32	4.94	3.47	5.01	4.62	3.72	2.35	－	4.32	3.43	4.42	4.87	4.42	4.28	4.18	2.79
英　国	6.49	5.36	6.35	6.25	6.19	5.76	5.53	5.91	5.74	6.42	7.29	8.98	7.14	10.66	6.93	8.80	8.40	8.24	9.34
ドイツ	6.28	5.16	5.22	4.40	5.09	4.21	－	3.77	4.10	4.17	5.62	5.34	4.98	5.27	4.70	4.56	5.28	4.97	7.63
日　本	3.10	1.69	2.76	1.48	2.20	2.90	4.34	5.42	3.26	3.30	5.22	3.99	3.72	3.83	4.80	5.30	4.68	5.34	5.35
中　国	－	12.11	12.92	－	13.71	15.97	16.43	－	18.84	14.37	24.01	12.83	14.02	15.53	12.84	10.29	9.87	10.39	8.66

資料：Global Entrepreneurship Research Association Global Entrepreneurship Monitor
（注）総合起業活動指数（Total Early-Stage Entrepreneurial Activity：TEA）は、18歳から64歳までの成人のうち、起業活動者（新しい事業を始める準備を行っている人、および事業から報酬を得るようになって3.5年未満の経営者）の占める割合。

債」、ベンチャー企業を「ハイリスク・ハイリターンの株」に例えたうえで、優秀な人材が起業せずに大企業に集中してしまうと、日本はいつまで経っても飛躍できないと指摘している。

細沼（2017）は、TEAの高い米国では、起業活動に関する教育や訓練は、誰もが受けられる状態に着実に近づいていると指摘している。さらに、2002 年において米国の 61％の大学はアントレプレナー教育コースが設けられ、科目聴講から、準学士、学士、修士、博士に至るまでの段階で、アントレプレナーシップを学ぶことができるとした。

石丸（2020）は、世界のイノベーション都市の共通項として①人口200万人前後で、規模の論理、距離の論理からみてメガシティにない「コンパクトさ」、②優れた人材を引きつける、豊かなアートや自然環境を含めた「生活の質の良さ」、③イノベーションのエコシステムを支える「先駆的な教育機関との密接な関係」の三つの特徴を挙げている。これらを踏まえ、福岡市を海外のイノベーション都市と比較し、イノベーション都市としての潜在能力は高いと述べている。

国際的にみて低い水準にある日本の起業活動率を高める施策の一つとして、起業家精神を高める教育の実施が挙げられる。福岡市では、実際の創業支援に加えて、教育現場で「リスクを取って挑戦する人が尊敬されるまちづくり」を進める取り組みをしている。具体的には、福岡市内の小中学校において「チャレンジマインド育成事業」や「ふくおか立志応援文庫」などの起業家精神教育を実施し、子どもが将来に夢や希望をもち、新しいことにチャレンジしていく意欲を育んでいる。また、前述の海外研修プログラム「Global Challenge! STARTUP TEAM FUKUOKA」をとおした起業家精神育成事業では、参加者の起業家同士の相互コミュニティーも徐々に発展し、起業家精神が養われている。その結果、卒業生のグローバルな事業展開事例もみられるようなってきている。

8　おわりに

本章では、国家戦略特区の活用による規制緩和によって、外国人による創業促進を目指す動きの先進事例として、福岡市の取り組みを整理した。福岡市では、国の規制緩和策に加え、独自の賃料補助や法人減税を行うとともに、フクオカグローバルスタートアップセンターなどを通じて、外国人起業家からの創業に関する各種相談、イベント開催、英語での情報発信などさまざまな活動を行っている。また、国内外の他の機関との連携も推進してきた。こうした外国人創業支援の結果、他の国家戦略特区と比較したスタートアップビザ利用数は、東京都に次ぐ成果が出ている。

一方、実際の支援からみえてきた課題としては、ビザ取得後の継続支援、要望の反映、言語を含めたビジネスコミュニケーションの壁、資金調達や事業内容の変更、日本人人材の採用の苦戦などが挙げられる。現在、福岡市ではこれらの課題解決に向けて、さらなる取り組みを進めている。

福岡市の国家戦略特区を活用した外国人による創業の促進の目指すべき先は、国際競争力を高め、その未来に国際的な視点と先進技術をもたらすことにある。今後も引き続き福岡市の特性を生かした創業誘致活動を行い、外国人創業者の多様な視野・技術を受け入れることで、市民一人ひとりがその視野を国外へ広げ、起業家精神をもち、明るい未来へ向かって自らが挑戦をする都市となることを期待したい。

参考文献

石丸修平（2020）『超成長都市「福岡」の秘密―世界が注目するイノベーションの仕組み―』日本経済新聞出版社

川添昭二・武末純一・岡藤良敬・西谷正浩・梶原良則・折田悦郎（1997）『福岡県の歴史』山川出版社

小栁真二（2018）「支店経済都市・福岡の変容」経済地理学会『経済地理学年報』第64巻第4号、pp.303-318

高島宗一郎（2018）『福岡市を経営する』ダイヤモンド社

出口治明（2015）『日本の未来を考えよう』クロスメディア・パブリッシング

野村敦子（2018）「スタートアップの集積拠点を目指す福岡市の取り組み」日本総合研究所『Research Focus』No.2018-017（https://www.jri.co.jp/MediaLibrary/file/report/researchfocus/pdf/10580.pdf）

細沼藹芳（2017）「アントレプレナーシップ教育の日・米・中比較」SBI大学院大学『SBI大学院大学紀要』第5号、pp.71-85

労働政策研究・研修機構（2018）『データブック国際労働比較2018』

第5章

国境を越える起業家の果たす役割

ブレーメン大学経営経済学部
中小企業経営・アントレプレナーシップ研究科
　研究員・専任講師　播磨 亜希

本章は、播磨亜希「トランスナショナル創業—国境を越える起業家の役割と課題—」日本政策金融公庫総合研究所『日本政策金融公庫論集』第45号（2019年11月）を改訂、改題したものである。

1　はじめに

人が他国や他の地域へ移り住むことは、今に始まった現象ではない。現に、人類の歴史は絶え間ない広範な人口移動を経験したといえる。しかしながら、現代社会が直面している国際レベルでの人口移動現象は、人類が歴史上経験したどの人口移動よりも規模が大きく、近年国境を越える人のモチベーションは多様化している。この変化は近年の運輸・コミュニケーションの分野における技術の進歩に起因している。例えば、航空業界における格安航空会社の台頭や多様で広域にわたる運輸手段の実現により、これまで以上に国境を越えて他国に移住することが簡単にできるようになった。また、インターネットの普及、そして新しい形式の遠隔通信を可能にするソフトウエアやモバイルアプリなどの開発は、海外に長期間居住している人々が、膨大な時間や費用を投資せずとも母国とのつながりを保つことを可能にしたのである。

このような近年の技術環境は、移民・難民といった国境を越える人々が行う創業活動の多様化を促進することになった。その多様化の過程で生まれたのが「トランスナショナル創業（transnational entrepreneurship）」という概念である（Drori, Honig, and Wright, 2009; Harima and Baron, 2020）。「トランスナショナル」という概念は、人類学において移民がもつ二重性を理解する過程で1990年代に誕生した。当時、移民は受け入れ国の社会において受動的な立場であり、居住国の環境を受け入れることを理想とする考え方が主流であった（Kwak and Hiebert, 2010）。移民の母国の文化や規範は重要視されず、いずれ居住国の文化に取って代わられるべきものだと考えられていたのである。

移住を一方向の過程と考える見解は、技術が進歩する前の世界ではある程度の意味をなしたと考えられる。現に、かつては多くの移住した人々は母国とのつながりを保つすべをもたず、受け入れ社会に同化せざるをえなかった。しかしながら、現代の移民は、居住国の文化を吸収しつつ母国の文化を保つという二重性をもつ。この二重性がトランスナショナルと呼ばれる。Drori, Honig, and Wright (2009) は、両国の経営資源を組み合わせることで新しい起業価値を生み出す人々を、トランスナショナル起業家（transnational entrepreneur）と名づけた。

国境を越える起業家が行うトランスナショナルな経済活動は、現代社会において特別な役割を担っている。なぜならば、トランスナショナル起業家は、国境を越えたビジネスの過程で、これまでにない新しい価値を生み出し、金融資本だけでなく経験や知識などの人的資本を母国と受け入れ国の間で動員するからだ。そうした創業活動から生み出される価値は、国際社会にとって経済的なものだけではない。グローバル・コネクティビティ（世界全体とのつながり）を生み出し、発展を促す原動力としても、社会的にも大きな意味をもつ。トランスナショナル起業家は２国以上の社会制度のなかに根づくことによって、移民の背景をもたない起業家と比べると、より多く、多様なリソースにアクセスできるという利点をもつ一方で、言語・文化・制度の違いなどから生まれる多数の障壁に直面することになる。

トランスナショナル創業という現象は、人の国際移動と同様に多面的である。どういった国からどういった国へ移住するのか、何の目的で移住するのか、移住してからどれくらいの期間が経っているのか、なぜ起業するのか、母国と居住国のどのリソース、サプライヤーや顧客基盤などを、どういった形で組み合わせるのか、などの要素によって、トランスナショナル創業の在り方や、生み出す価値は大きく異なる。エリート移民と呼ばれる高学歴をもちキャリア向上を求めて越境する人々もいれば、貧困から脱出するために母国を去る労働移民や、戦争や迫害などにより他国へ避難する難民もいる。こうした背景が大きく異なる移民が起業すると、そのビジネスの本質は大きな多様性を生むが、先行研究はその多様性を十分に考慮できていない。

以上の議論を背景として、本章の目的は次の３点にまとめられる。第１に、先行研究によるトランスナショナル起業家の特徴の整理、第２に、異なる状況の事例を基にしたトランスナショナル起業家の多様性の議論、第３に、トランスナショナル創業の日本社会における意味の検討と今後の研究課題の提示である。

本章の構成は以下のとおりである。第２節では、本章執筆に用いた筆者の一連の研究を紹介する。第３節は、本章の第１の目的であるトランスナショナル起業家の特徴の整理のため、トランスナショナルの要素をもつ移民の起業に関する先行研究のレビューを行う。第４節から第６節は第２の目的に関する節で、筆者がこれまでに行った三つの異なる状況における移民のトランスナショナル創業の事例研究を参照し、その多様性を考察しつつ、強みと障壁を論証する。第７節は、第３の目的に対応する。事例研究を踏まえてトランスナショナル起業家の特徴を再度整理したうえで、トランスナショナル創業の日本社会における意味を議論するとともに、今後の研究課題を提示する。

2　筆者のトランスナショナル創業研究

第2節では、筆者が社会構築主義に基づいて2014年から集めた定性的データと、そのデータを基に執筆した海外ジャーナルの論文や書籍のエッセンスを日本語で再構成したうえで、より包括的観点から国境を越える起業家の役割と課題を論じる[1]。具体的には、筆者が以下の異なる状況で収集したデータが基になっている。

第1に、第4節で紹介する「発展途上国における日本人起業家」に関するデータは、筆者が2014年から2016年にかけて、ブレーメン大学（ドイツ）における博士論文のために収集した八つの事例を基にしている。それらの事例は、メキシコ、グアテマラ、アルゼンチン、チリ、フィリピン、中国、インドといった国で起業活動を行う日本人起業家を取り扱っている。主なデータは、筆者が行った起業家や従業員などの関係者との定性的インタビューと、事例企業に関する資料やソーシャルメディアなどの二次データである。なお、筆者の博士論文は六つの海外ジャーナルや書籍に発表された複数の論文や書籍のチャプターから構成されている[2]。

1　社会構築主義（social constructivism）は定性的手法の基となる科学哲学である。この社会学の立場は量的手法の基盤となるポスト構造主義と反し、現実の社会現象や社会における意味は人間が主観的にとらえたものであり、人々の交渉の帰結であると考える。

2　Harima（2014, 2015a, 2015b, 2016）、Harima and Vemuri（2015）、Harima, Elo, and Freiling（2016）参照。

第２に、第５節で紹介する「創業エコシステムにおけるトランスナショナル起業家」は二つの異なるデータに基づいている。一つ目のデータは、筆者が共著者とともに、2015年に収集したベルリンの創業エコシステムにおける移民起業家についてのインタビューである[3]。このデータは四つの異なった移民起業の事例と４人の専門家へのインタビューに基づく。二つ目のデータは、筆者が共著者とともに2017年に収集した、南米チリの首都サンティアゴの創業エコシステムにおける起業家やエコシステムのステークホルダーとの34件のインタビューと現地における参加型観察のメモに依拠する[4]。

第３に、第６節で紹介する「難民創業の可能性」で扱うデータは２種類ある。一つ目は、筆者が参加するEUのERASMUS＋プロジェクトの一つであるVIFRE（Virtual Incubator for Refugee Entrepreneurs：難民起業家のためのバーチャルビジネスインキュベーター）において収集された20人のドイツの難民起業家（多くはシリア難民）への定性的インタビューが基になっている。二つ目は、2016年から2018年にかけて、共著者とともにドイツ・ハンブルクの難民起業家をサポートするビジネスインキュベーターを研究取材したデータである[5]。より具体的にいえば、21人の関係者との定性的インタビューと参加型観察のメモに依拠する。

インタビューは日本語・英語・ドイツ語で行われ、実際に使用された言語で文字に起こし、その後、日本語とドイツ語のインタビューは筆者がすべて英語に翻訳した。データはグラウンデッド・

3　Baron and Harima（2019）参照。
4　Harima, Harima, and Freiling（2021）参照。
5　Harima and Freudenberg（2019）、Harima, Freudenberg, and Halberstadt（2020）参照。

セオリー(grounded theory)手法の原則に従い、帰納的に分析した(Charmaz, 2014)。電子技術サポートとして、定性的データ分析のソフトウエアであるMAXQDA、多様で断片的なデータの概観を把握するためにマインドマップのソフトウエアなどを使用した。

3　トランスナショナル起業家の特徴

(1) 先行研究

本節では、国境を越えて起業を行う移民に関する先行研究を基に、トランスナショナル起業家の特徴を考察する。これらの研究は必ずしも「トランスナショナル」という概念を明確に適用しているわけではない。むしろ多くの研究は、「移民起業 (immigrant entrepreneurship)」(Ndofor and Priem, 2011)、「ディアスポラ起業 (diaspora entrepreneurship)」(Riddle and Brinkerhoff, 2011)[6]、「帰還者起業 (returnee entrepreneurship)」(Wright, *et al.*, 2008) などの関連概念を使用している。各概念は人のグローバル移住という現象のある特定の側面に焦点を当てている。例えば、移民起業の場合は起業家のもつ移民の背景に、ディアスポラ起業の場合は起業家のもつ母国への感情面での結びつきなどのディアスポラ的側面に、そして帰還者起業の場合は起業家が滞在国で培った経験や知識、そして社会資本をどのようにビジネスに適用するかなどに重点を置いているのだ。そのため、これらの研究は一概にト

6　ディアスポラとは、移民またはその子孫で出身国との強いつながりを維持している者のことをいう。

ランスナショナル的側面を重要視しているわけではないが、多くは間接的に移民起業家がもつトランスナショナル的二面性を前提としているので、トランスナショナル創業の特徴を理解するためにはこういった関連概念を取り扱った研究を考慮することは必要不可欠といえる。

移民の起業活動を研究し始めたのは主に北米を拠点とする人類学・社会学の研究者であり、彼らは移民の起業活動が滞在国の社会経済にもたらす影響を理解することに貢献した（Wilson and Portes, 1980; Aldrich and Waldinger, 1990）。経営学者が移民起業の現象をビジネスの観点から研究を始めたのはより最近になってからで、移民起業のメカニズムを解明することに貢献し、また移民起業家が他の起業家とどう異なるのかをリソースや起業動機の観点から調査した（Clark, Drinkwater, and Robinson, 2017）。

上述したように、「トランスナショナル」という概念は、移民を滞在国の社会規範に対する受動的主体と考える従来の見解に疑問を投げかけ、母国と滞在国の価値観を併せもつという移民の二面性に焦点を当てた議論を展開した人類学者によって1990年代に生み出された（Kwak and Hiebert, 2010）。従来の移民がもつ母国の価値観や文化は、古典的な文化変容論（acculturation theory）では重要視されず、ときには望まれない特性として扱われていた。人類学者は、トランスナショナリズムを「移民が母国と居住国を結びつける社会的環境をつくり上げる過程」と定義することで、移民がもつ二面的な本質をとらえることを試みたのである。2000年代にはトランスナショナルな本質を移民の創業行動のなかに見出す社会学者が現れた（Vertovec, 2004）。

元々の概念が生まれたのは約30年前であるが、アントレプレナーシップ研究の分野でトランスナショナル創業という言葉が用いられるようになったのは最近である。きっかけは、アントレプレナーシップ研究分野を代表するジャーナルの一つであるSAGE Publications Inc.が出版する、Entrepreneurship Theory and Practice誌特集号に掲載されたDrori, Honig, and Wright (2009)であった。Transnational Entrepreneurship: An Emergent Field of Studyと題されたこの論文では、トランスナショナル創業と、エスニック創業（ethnic entrepreneur ship)、国際創業、帰還者創業などの関連するコンセプトを対比させることで、トランスナショナル創業が既存の概念と共通する要素をもちながら、新しい研究分野として確立される必要性が説かれた。この特集号を機に、経営学・アントレプレナーシップ学でのトランスナショナル創業に関する研究が急激に増加した。その多くはDrori, Honig, and Wright (2009）の定義に基づいて調査を行っている（Patel and Terjesen, 2011; Liu, 2017; Veréb and Ferreira, 2018)。

経営学以外でトランスナショナル創業に注目した分野は経済地理学である。例えば、米国の経済地理学者であるAnnaLee Saxenianはシリコンバレーの移民起業家を特徴づけるトランスナショナル的人脈や、母国の経済・起業活動への貢献を調査した論文を数本発表した（Saxenian and Hsu, 2001; Saxenian, 2002, 2005)。なかでも、Saxenianが提言した「頭脳循環（brain circulation)」というコンセプトは、人の国際移住は母国から他国への一方向だけに生まれ、移民の人的資質は母国から失われるということを前提とする「頭脳流出（brain drain)」という従来の国際移動への見解を変えるきっかけとなり、注目を浴びた。この考えは、循環的国際移動（circular migration）の概念に関連しており、移民のトランスナショナル性を理解するうえで重要な要素である。

(2) トランスナショナル創業のもつ可能性

国際連合が2017年に発表したInternational Migration Reportによると、世界の国際移民の数は推定２億5,770万人であり、全世界人口のおよそ４％に相当する（United Nations, 2017）。移民の数はグローバル化や技術の進歩により、近年増加傾向にある。

移民が行う創業活動は、現代の国際社会に多様な意味をもつ。なぜならば、移民はビジネスをつくり上げるに当たり、母国語や居住国などに基づく、複数の価値観や制度の強みを組み合わせることで、移住経験のない人が見出せない起業機会を生み出すからである。そして、人的資本・社会資本などのリソースをいくつかの場所から動員し、組み合わせることで新しい価値とビジネスの在り方をつくり出すのだ。

ディアスポラ創業や帰還者創業に関する先行研究はトランスナショナル創業を通じて、起業家が母国の発展に貢献するメカニズムを明らかにした。例えばRiddle and Brinkerhoff（2011）やNewland and Tanaka（2010）はディアスポラと呼ばれる海外に移住した人々が、起業活動を通じて母国の制度に変化をもたらすかつてない形の制度変化のエージェント（institutional change agents）となり、母国の発展に貢献する様相を示した。海外での生活を通じて、ディアスポラは母国とは違う制度や価値観に触れ、また居住国での人脈や、同じ民族的背景をもつ海外居住者同士のディアスポラ・ネットワーク（Kuznetsov, 2006）と呼ばれる国際的人脈を培う。ディアスポラは母国へ精神的なつながりをもつとされ、母国の発展に貢献することを起業動機とする者も多い。母国と居住国の制度を知る彼らは、母国の制度の弱みを認識し、移住生活によって得た人的・社会資本を組み合わることで、それまでにない解決法を構築することができるのだ。

トランスナショナル創業が貢献するのは母国の経済社会に対してだけではない。Saxenianの調査をみてもわかるとおり、世界最大の創業エコシステムといわれるシリコンバレーの起業家の大多数は米国出身ではない（Saxenian, 2002, 2005）。多くの著名なシリコンバレー出身の起業家は移民の背景をもつことでも知られる。同様に、ロンドン、ベルリン、上海など、世界の有名な創業エコシステムでは移民起業家の活躍が目立つ。また、トランスナショナル起業家はエコシステムにかかわらずとも、文化を伝達し新しい価値を提供することで、グローバル・コネクティビティを高め、国際社会における社会的統合を促進させている。

(3) トランスナショナル起業家の強みと障壁

先行研究を基に、トランスナショナル起業家がもつ強みを三つの側面から議論する。

一つ目は社会制度的側面であり、オランダの経済地理学者が提唱した「ミックス・エンベデッドネス（mixed embeddedness）」という概念を基盤とする（Kloosterman, van der Leun, and Rath, 1999）。彼らはオランダの移民起業家が移民社会とオランダの社会の両制度にどのように組み込まれて（エンベッドされて）いるかが、起業家が見出す機会構造（opportunity structure）に影響するかを調査し、概念化した。この概念は移民の二面的な社会でのエンベデッドネスを彼らの起業機会の特殊性に結びつけたことで、その後の移民起業学に多大な影響を与えた。

ミックス・エンベデッドネスはトランスナショナル起業家の二面性を社会制度的観点から議論するに当たって有益な概念である。トランスナショナル起業家は、人によって組み込まれ方の度合いやバランスは異なるものの、何らかの形で母国と滞在国の両制度に組み込まれている。制度派組織論者が主張するように、制度システムは多面的で多層的であり、政治や法律制度から社会慣習や文化などを含む (Scott, 1995)[7]。移民は両国の制度システムを内部から理解することができるのである。

二つ目の側面は二つ以上の制度システムに組み込まれていることから生まれる移民特有の認識能力である。この特殊な認識能力は「二面的焦点性（bi-focality）」と呼ばれる（Rouse, 1992）。母国と居住国の政治・法律制度、市場、社会慣習などに通じている移民起業家は、物事を判断するときに、母国の人間と居住国の人間の二つの目線を持ち合わせているといえる。さらに、彼らはそれらの制度システムに関する知識や感性を組み合わせることで、他の人々が気づかない起業機会を見つけ出し、新しい形のビジネスをつくり出すことができるのだ。

三つ目の側面は起業家自身の社会資本である。移民は国境を越

7　制度派組織論とは、組織の行動メカニズムは合理性によってだけでは説明できず、組織内外のさまざまな制度の影響を受けるものであるという前提に立った組織論である。

え、海外で生活することで人脈を広げる。トランスナショナル起業家は、移住経験を経て、居住国の現地ネットワーク、居住国の移民ネットワーク、国際的なディアスポラ・ネットワーク、そして母国でのネットワークへアクセスすることができる。それらの人脈を利用し結びつけることで国境を越えたトランスナショナルなビジネスを行うことが可能になるのだ。

トランスナショナル起業家は強みをもつ一方で、国境を越え、二つ以上の制度システムに組み込まれている移住者の環境は、多くの障壁を生み出す。居住国では言語や文化の違いに直面する。母国と居住国の制度の違いから学位や職業上の資格などが認められないか、認められても母国における価値よりも著しく低い価値として認識される場合も多い。これにより、移民の人的資源は他国へ移住することによって相対的に下がる傾向にあるため、居住国の労働市場で差別を受けたり、本来の資格に見合わない仕事以外の選択肢がなかったりする場合が多々ある。また、移民のもつ文化的背景によっては、移住国の人々に不利になる先入観を抱かれ、正当性を得るために、現地の人々よりもより多くの努力をする必要に駆られる場合も多い。

そのほかにも、トランスナショナル起業家は国境を越え、二つ以上の国の制度やリソースを組み合わせることで起業的価値を生み出すため、必然的に制度間の差異を取り扱う必要性が生じる。それは政治的・法的規制から文化まで多岐にわたる。トランスナショナル起業家には差異から生まれる障壁を乗り越えつつ、２国間のリソースや制度の強みを効率的かつ創造的に組み合わせる能力が求められるのである。

4　発展途上国における日本人起業家

(1) 事例の紹介

第4節では、トランスナショナル創業の多様性を示す例として、日本を去り発展途上国で起業活動を行う日本人起業家を紹介する。事例は、筆者がブレーメン大学の博士論文のために収集した定性的データに基づく。2014年から2016年にかけて、筆者はメキシコ、グアテマラ、アルゼンチン、チリ、フィリピン、中国、インドで起業活動を行う日本人起業家を訪ね、起業者や関連者のインタビューや現地での取材などを基に合計八つのケース・スタディーを行った。そのなかでも特徴的な二つの事例である。

一つ目の事例は、グアテマラでオンラインでのマンツーマン・スペイン語講座を提供する日本人起業家である。同氏は幼少期を米国で過ごし、日本の大学を卒業後、大手の広告代理店で数年間働いた。ビジネスのノウハウや、どういったビジネスモデルがうまくいくのかを学ぶ意義ある時間だったが、もっと国際的で、社会的に意義があることがしたいと思い立ち、仕事をやめて世界一周旅行をすることにした。元々創業に興味はあったものの、自分で起業するならば社会の問題を解決するビジネスモデルをつくりたいと考えていた一方で、経済的に豊かで政治経済が安定した日本社会では解決したいと思う問題を見つけることができなかった。

そうしたなか、世界一周旅行の過程で立ち寄ったグアテマラのスペイン語教師の窮状を知るに至った。グアテマラは1年のうち夏の2カ月のみが観光シーズンで、その他の10カ月は観光客やスペイン語学習者があまり訪れないため、スペイン語教師は職を失うという現実に直面していた。当時、フィリピンでオンラインのマンツーマン英語講座産業が盛んになってきた状況を考慮し、同様のオンラインサービスを日本のスペイン語学習者に提供することで、グアテマラのスペイン語教師の収入を安定させることを考えたのだ。

この起業家は、信用できるスペイン語学校の校長を現地パートナーに選び、スペイン語教師を斡旋（あっせん）してもらう形で、オンラインのスペイン語講座ビジネスを始めた。特筆すべきは、両国の制度の差異から引き起こされうる障壁を最初から取り除くために、ビジネスは日本で登記しており、現地のスペイン語学校とは連携するという形をとっているものの、本人は主にグアテマラに居住し、創業活動を行っているという点である。また、顧客はスペイン語を学びたい日本人であるが、日本はアクセスしやすく、購買力のある市場であるために選んだ市場であり、日本市場だけに固執するつもりはない。ビジネスチャンスがあるなら、米国やヨーロッパなどの市場にもサービスを展開することを考えている。

二つ目の事例はフィリピンと日本に11社の関連会社をもつ日本人起業家である。学生時代に好んで読んだ、明治から昭和にかけて海外で成功を収めた日本人の起業家の書籍や、大学時代に行った海外バックパック旅行の時に目にした華僑アントレプレナーたちの姿は、海外で成功する起業家になりたいという同氏の思いを培っていった。その思いを胸に、日本の著名な大学を卒業し、同氏は履歴書と小さな荷物だけを持って東南アジアに渡った。具体的な計画があったわけではなく、ただ海外でキャリアを始めたかったのだ。

シンガポールでの仕事を経たのち、フィリピンに渡った同氏は、

1978年にフィリピン旅行に来る日本人観光客に向けて名産品を売るビジネスを始める。このビジネスは大きな成功を収めたが、1980年代前半に治安上や倫理上の問題からフィリピンへの観光業が下火になったため、規模を縮小することになった。そうした状況を受け、同氏は新しいビジネスとしてマンゴーの貿易を始め、成功を収めた。しかし、このビジネスも1980年代半ばにマンゴーの貿易規制が強化されたことにより日本へのマンゴー輸出が大幅に減少したため、縮小を余儀なくされた。そこで次に始めたビジネスは、携帯電話の部品の製造業であった。製造業の経験もノウハウもなかったが、当時の携帯電話の急速な普及やそれにともなう日本企業の携帯電話部品の需要の成長を見ていた同氏は、持ち前の人脈と学習能力を駆使して製造業を開始する。2000年代に入ると、同氏はフィリピンの人材育成ビジネスに力を注ぎ始める。フィリピンの人材に着目したのは、日本社会で核家族化が進んだことと、外国人医療関係者のビザに関する規制が緩和されたことで、新しい起業機会を見出したからである。このビジネスは成長し、フィリピン人に英語を教えるビジネス、日本の退職者がフィリピンで暮らすための施設や不動産を扱うビジネス、日本人にフィリピンで英語を教えるビジネスと拡大していく。今では同氏は２週間ごとにフィリピンと日本を行き来する生活を送り、両国の間のビジネスを経営している。

(2) 発展途上国で起業する日本人起業家の特徴

発展途上国で起業する日本人起業家にはいくつかの特徴がある。

一つ目の特徴は、高学歴者であり、日本の労働市場である程度有利な立場にありながら、あえて発展途上国に移住し創業することを選んだ点である。調査した八つの事例では、すべての起業家が日本の著名な大学を卒業しており、日本での就業経験もあった。つまり、海外、特に発展途上国で起業するという彼らの人生の決断は大きな経済的リスクをともなうものであった。このことから、彼らの動機は経済的なもののみには起因しないと考えられる。

二つ目の特徴は、多岐にわたる社会資本の活用である。筆者が調査した事例では、日本人起業家は異なった種類の社会資本を異なった目的のために活用していた。彼らが利用する人脈は、日本でのビジネスネットワークから国際的な起業ネットワークまでさまざまだ。

以下では、彼らのトランスナショナル創業への動機と、活用している社会資本について、それぞれ詳しく分析する。

(3) トランスナショナル創業への動機

移民起業学の多くは、母国における経済的な困難や社会の不安定な状況を理由に海外に移住する移民が、居住国の労働市場でも困難な状況に直面し、やむなく起業する事例を扱う。しかしながら、自らの意志で日本を去り、発展途上国に移住して起業をする日本人のプロフィールはそうした移民起業学で扱われる典型的な移民の状況と大きく異なる。経済的に恵まれ政治社会が安定した日本で大学を卒業し、日本での職業的展望がありながら、なぜ彼らはあえてリスクをともなう決断をし、トランスナショナル創業の道を選ぶのか。

日本人トランスナショナル起業家の動機を理解するためには、三つの環境的要因を理解する必要がある。一つ目の要因は、促進される国際化により、国境を越えてビジネスを行う起業家の手本となる人物について知る機会が増え、日本人の国際志向が強まったことである。そのため、海外に移住するという精神的障壁が低くなった。

二つ目の要因は、交通・コミュニケーションにおける技術の進歩によって、海外への移住、母国と居住国の行き来、母国の人脈や家族との関係維持などが物理的に以前よりも安価で容易にできるようになったことである。例えば、前述のフィリピンの日本人起業家はフィリピンと日本にある合計11社の関連会社を経営するために２週間に１度２国間を移動している。技術進歩により、これまでになかったビジネスの在り方が可能になったといえる。

三つ目の要因は、日本経済の低迷と国際社会の情勢が大きく変化していることである。相対的にみると日本経済は安定しているものの、戦後の急速な経済成長とは異なり、最近の日本では経済成長を肌で感じることはないため、日本での長期的な職業的展望を明確に見出せない人もいる。また、日本社会は安定しているため、日本で目に見える社会貢献することは容易ではない。そんななかで発展途上国の情勢をみると、経済は急速に発展し、活力に満ちているものの、政治・社会情勢は不安定な点が多く、困窮している人々がいる。そういった状況で起業することに、日本人のトランスナショナル起業家は経済的・社会的意義を見出すのだ。

帰納的なデータ分析に基づき、筆者は発展途上国でトランスナショナル創業をする六つの主な動機要因を特定した（Harima, 2019)。図５－１は動機要因をまとめたものである。一つ目の動機は「居住国社会への貢献」である。前述で紹介したグアテマラの日本人起業家の事例は発展途上国での社会貢献を主な動機とした典型的なケースである。社会起業家に類似した動機要因で、彼らは日本でよりも発展途上国でのほうがインパクトが大きい貢献ができると

図5－1　日本人のトランスナショナル創業への動機要因

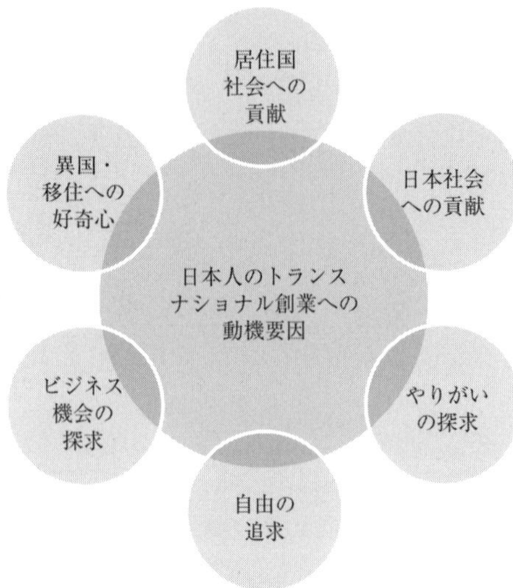

資料：筆者作成

考え、発展途上国に渡る。

二つ目の動機は「日本社会への貢献」である。調査事例では、概して日本市場に居住国の商品やサービスを提供することで日本の顧客にとってこれまでにない価値を創造し、居住国で日本の商品を売ることで日本の国のイメージを高め、日本文化を広めるというミッションを動機としていることが観察できた。調査した日本人トランスナショナル起業家は、ソーシャルメディアなどで起業活動について報告するときに主に日本語を使用していた。これは、彼らにとってトランスナショナル創業の成功を日本人・日本社会に向けて発信したいという気持ちの表れと考えられる。

三つ目の動機は「やりがいの探求」である。この動機は、アントレプレナーシップ学で用いられる達成欲求の概念に類似する。安定した日本経済・社会においては、よりやりがいのある仕事や起業機会が見つけやすい比較的不安定な発展途上国の発展に貢献することを求めるのだ。

四つ目の動機は「自由の追求」である。発展途上国の日本人起業家はワーク・ライフ・バランスの維持の困難さなどにより、日本での仕事に息苦しさを感じる場合があった。また、東京での物価の高さも一役買っていた。平均以上の給料をもらっていても、都内の住宅物件は高額でスペースは狭く、多くの場合長い通勤時間は不可避である。それに比べて、発展途上国のリビングコストは東京と比べものにならないほど安いのだ。

五つ目の動機は「ビジネス機会の探求」である。発展途上国で起業する日本人は純粋な社会起業的動機だけでなく、国境を越えて母国と居住国の資源と機会を組み合わせることで競争上優位なビジネスモデルを生み出すことを意識している。

最後の動機は「異国・移住への好奇心」であり、この要因は既存のアントレプレナーシップ研究ではあまり議論されていないが、調査事例では顕著に観察することができた。グアテマラのケースのように、国際的な環境で働きたいと考えた起業家もいれば、まだ見知らぬ外国の土地で生活基盤をつくり上げ、ビジネスを創造したいと思った起業家もいた。彼らに共通するのは、日本にいることでは満たされない強い好奇心と国際志向である。

(4) トランスナショナル社会資本の存在

移民は国境を越えて、居住国で新たな人脈を築く。技術が進歩する以前は、海外へ移住することは母国との永遠の決別であることも少なくなかったが、現代のテクノロジーは居住国の人脈に加えて、母国や、その他の国々とのつながりをつくり、維持することを可能にした。そのため、トランスナショナル起業家の社会資本は多くの異なる人脈の種類から構成される。調査事例では、発展途上国の日本人起業家が八つの異なるタイプの人脈を異なった目的で使用していることがわかった（図５－２）。ここではそれらの人脈のタイプを３種類に分けて紹介する。第１の人脈タイプは母国における人脈である。これは、家族・友人などのインフォーマル・ネットワーク、顧客、ビジネスに関連するフォーマル・ネットワークの三つに分けられる。

調査した事例では、母国にいる家族や友人による起業家への精神面でのサポートが顕著であった。そういったインフォーマル・ネットワークからの尊敬や励ましは、異国の地でビジネスをするというリスクをともなう決断をし、制度間の障壁に直面する起業家にとって特別な意味をもつものであることは疑う余地もない。しかしながら、特筆すべきは、従来、良い経済状況を求めて移住する発展途上国出身の労働移民が起業する際は、家族や友人は起業家がビジネスを始めるための資本金を提供する存在であるが、発展途上国で活躍する日本人起業家にはその傾向はみられなかったという事実だ。従来の移民の多くは、経済的に恵まれず、また移民というステータスから居住国の金融機関や起業資本へのアクセスが限られるため、家族や友人に頼らざるをえない。その点、日本人起業家は日本の安定し発展した経済状況を生かし、日本の労働市場で数年働いて貯蓄した資金を基に海外で起業するのだ。その際、生活水準や不動産・物価を考慮すると、貯蓄した資金の価値は、発展途上国では相対的に上

図５－２　日本人のトランスナショナル起業家の人脈

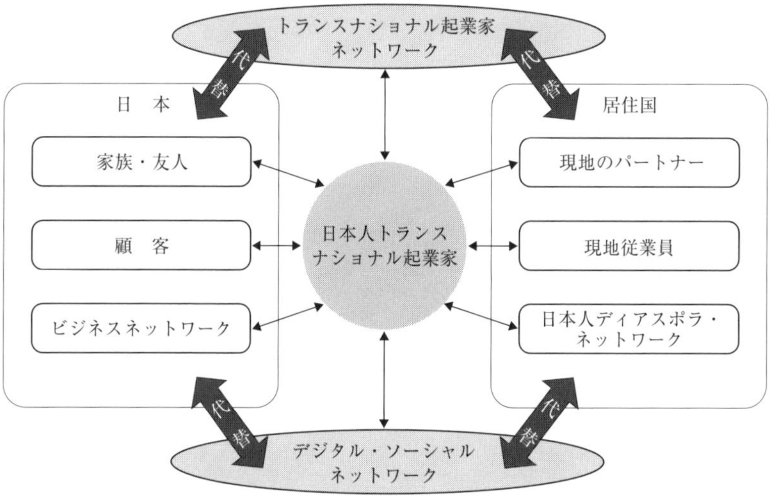

資料：Harima（2014）を基に筆者作成

昇するのも、発展途上国を居住国として選択する理由の一つである。

母国における人脈の二つ目は顧客である。日本の顧客は購買力もあるため、多くの日本人がトランスナショナル創業をする場合に、日本の顧客層を狙うのは理解できる。しかし、調査事例では、起業家は日本の顧客を購買力だけではなく、日本の市場傾向を理解するための貴重な情報源として扱っていた。日本に時折滞在するのみのトランスナショナル起業家が日本の市場傾向をいち早く知るためには、顧客との関係を構築し、顧客から現在、そして将来のビジネスにかかわる情報を聞き出すのが重要になる。

母国における人脈の三つ目は、ビジネスに関するフォーマル・ネットワークである。海外での起業を目標として、日本の労働市場で資金をためるために働く人々は、その間に起業資金だけでなく人脈も培う。この人脈は日本を離れてビジネスを構築する過程で、潜在的顧客を見つけたり、母国でのビジネスパートナーやサプライヤーを見つけたりする際に大いに役立つ。

第2の人脈タイプは居住国におけるネットワークで、現地のパートナー、現地従業員、そしてディアスポラ・ネットワークのタイプが確認できた。

一つ目の現地のパートナーは特定のタイプの人物ではないが、調査事例では多くの日本人のトランスナショナル創業において、ビジネスにおいて非常に重要な役割を担う一人か二人の現地人の存在が明らかになった。そういった現地人の肩書は、共同創業者・現地の委託業者・友人・配偶者とさまざまであるが、彼らの役割には共通点がある。それは、日本人起業家が居住国で直面する理不尽さ、規制や文化に関する知識不足などの制度上の障壁を乗り越えることである。これらの制度上の障壁はインターナショナル・マネジメントの分野では「よそ者の不利益（liability of foreignness）」と呼ばれる（Zaheer, 1995）。現地に大きな人脈をつくるより、少数の信用できる現地人をビジネスに組み込むことで、よそ者の不利益による影響を最小限にとどめようとしているのである。

二つ目は現地従業員とのネットワークである。調査事例では多くの場合現地の従業員を雇っていた。興味深いのは、そうした居住国の従業員は与えられた業務をこなす以外に、日本人トランスナショナル起業家が居住国の文化、歴史、慣習などの知識を得るために重要な役割を担っていた点である。特に、起業家が居住国に移住して間もない場合は、現地出身の従業員は気兼ねなく文化の違いや現地の顧客の好みなどについて質問できる存在である。現地のサプライヤーや公的機関などと交渉する場合にも同行し、両国間に存在する文化や交渉方法などの隔たりを埋める役割を務めたり、同行せずとも交渉に影響する現地の目に見えないルールなどに関して有意義なアドバイスを提供したりすることができるのだ。

三つ目の人脈は、移民起業学でも頻繁に言及されるディアスポラ・ネットワークである。移住先での日本人・日系人のコミュニティのかかわりはいくつかの事例で観察することができた。例えば、アルゼンチンに渡りビジネスをつくり上げた起業家は、空手道場などに通い、現地の日本人との交友を深め、その人脈を利用してビジネスを成功させた。しかしながら、日本人ディアスポラ・ネットワークはユダヤ人や華僑に代表されるものほど規模が大きくなく、またその影響も著しくなかった。特に若い世代のトランスナショナル起業家は、現地の日本人ディアスポラよりも、インターネットのソーシャルメディアから情報を得ることが多いようであった。

第3の人脈タイプは、母国と居住国という2国間での枠組みを超えた、グローバルな人脈である。それらのネットワークは、コミュニケーション・テクノロジーの進展により発展したものであった。そのうちの一つは、国境を越えてつながる世界レベルの起業家ネットワークである。例えば、前述したグアテマラの起業家は、世界経済フォーラムによって組織された、グローバル・シェイパーズという世界の若いリーダーたちのグループに参加していた。そのなかには海外で活躍する起業家も多数在籍しており、彼はそういった他国の起業家との交流から多くのモチベーションとインスピレーションを得たのだった。

もう一つのグローバル人脈としては、ソーシャルメディアでの人脈が挙げられる。特に若い世代の起業家は、ビジネスチャンスや市場傾向に関する情報、そして起業家のロールモデルを母国や居住国の人に限らず、ソーシャルメディアでつながっている人々から見出す傾向があった。こういった情報の手に入れやすさは、現代のトランスナショナル起業家がもつ社会資本の在り方を変えつつあるようだ。

5　創業エコシステムにおけるトランスナショナル起業家

近年、創業エコシステム（entrepreneurial ecosystem）という概念がアントレプレナーシップ学で注目を浴びている（Spigel, 2017; Brown and Mason, 2017）。この概念は創業を起業家個人レベルの行動として理解するのではなく、影響する地域のダイナミクスのなかで理解するものである。創業エコシステムは「その地域での創業活動を可能にするあらゆる組織や人の相互依存」と定義される（Stam, 2015）。本節では、共著者とともに筆者が行った調査を基に、創業エコシステムにおけるトランスナショナル起業家の役割を表す二つの事例を紹介する。

(1) ベルリンの創業エコシステムとトランスナショナル起業家

一つ目の事例はベルリンの創業エコシステムである。ベルリンは近年最も急速に成長した創業活動の中心地として知られる。例えば、2012年から2015年にかけて、年間のスタートアップ企業の数は1,800社から3,000社に急増した。同地域の創業活動が盛んになるにつれ、ベルリンに進出するアクセラレーター・プログラムやベンチャーキャピタルなどのスタートアップ関連組織も増加した。ベルリンの創業エコシステムでは、主にｅコマース、ソフトウエア、プログラミングなどのサービスの分野でのスタートアップ活動が盛んで、代表的なベルリン出身のスタートアップ企業としてはResearchGate、Rocket Internet、Zalandoが挙げられる。ベルリンの起業家のうちおよそ49％は外国籍であり、ドイツ国籍をもつ移民２世の存在を考えれば、半数以上が国際移住の背景をもつことになる（COMPASS, 2015）。特筆すべきは、多くの外国籍の起業家の存在によって、ベルリンの創業エコシステムにおける主要な言語として英語が使用されているという事実である。ドイツ人の英語能力は比較的高いが、大都市や大企業でも英語を主要言語として使用する機会は非常に少ないため、ドイツ語の知識がないと日常生活で苦労するのが現実だ。しかしながら、ベルリンの創業エコシステムで行われるスタートアップ関連イベントは大多数が英語で行われているため、外国籍の起業家がドイツ語の知識をもたずとも活動できる特異な環境をつくり出している。

ベルリンの創業エコシステムのトランスナショナル起業家の実例のうち三つを、調査資料を基に簡単に紹介する。１人目の起業家はクロアチアのドゥブロブニク出身の電子工学者だ。同氏がベルリンでエンド・ツー・エンドの暗号化されたソーシャルメッセージの携帯アプリを提供するビジネスを起業したのは2012年の秋だった。この携帯アプリは2014年12月に配信開始され、今では102カ国で使用されている。同社ではおよそ80人のITに特化した従業員が働いている。出身国は24カ国と国際的である。このクロアチア人起業家はベルリンに移り住む以前にはスカンディナヴィアに移住した経験をもち、そこでIT業界の経験を培い、通信関連の会社を起業している。この会社は今ではスカンディナビアで業界最大の会社となった。当時の人脈は、ベルリンに移住したあとでも投資家や現在の会社の従業員などを提供している。ただ、クロアチアでの人脈は、ベルリンでのビジネスに直接的な役割を担っていない。

２人目の起業家はシリアのダマスカス出身で、ロンドンの大学で工学を学ぶためにヨーロッパに移住した。卒業後はロンドンのリサーチ会社で従業員として働くとともに、カフェを創業して起業経験を培った。その後、２年間にわたる海外放浪の旅を経た同氏は、ベルリンで創業することを決意する。ベルリンを選択したのは、創業にふさわしい環境が整っていると感じたからだ。同氏は同じくシリア出身の共同経営者とともに、クラウドを基盤としたデータ・マネジメントのツールを提供する会社を設立した。ベルリンに移った当初から、スタートアップ関連のイベントでドイツ人や国際的な起業家と知り合い、人脈を築いた。

３人目の起業家はオーストラリア出身だ。同氏はベルリンで語学学習者をつなぐオンライン・プラットフォームを提供するビジネスを始めた。オーストラリアを去る決意をしたのは、英語を母国語とする自国の人々が外国を学ぼうとしない環境から決別したかったからだという。ドイツ語を学習していた同氏はドイツに移住する決意をした。ベルリンを選んだのは、創業に役立つ人材が多くいると判断したからだった。

こうしたトランスナショナル起業家の増加は、ベルリンの創業エコシステムの急成長に深く関係している。例えば、ドイツの文化はリスク回避的で、創業活動には適していないと考えるのが一般的であるが、ベルリンのスタートアップ・コミュニティの文化はそれとは異なり、よりオープンな文化で失敗を現在および将来の創業に役立てる貴重な経験とみなすのが一般的になっている。その文化は、海外からの起業家がスタートアップ・マインドセットを外部からもち込み、ベルリンの起業家たちのコミュニティに広めたことに大きく起因する。また、彼らの存在は、ドイツ人起業家や他国の起業家たちがグローバルに思考し、ビジネスを海外に展開することを促した。

トランスナショナル起業家が影響を与えたのは文化だけではない。トランスナショナル起業家は母国や、かつての居住国から有能な人材や投資家をベルリンに引き寄せることで、ベルリンの創業エコシステムにおける人的資本や金融資本を豊富にした。また、彼らのビジネスは世界の市場や人材とベルリンを結びつけることで、国際的なエコシステムの間の結びつきを強化したのだ。こうしたスタートアップ・エコシステムの成長の原動力を目の当たりにしたベルリンの政策立案者は、海外からベルリンに移住する起業家たちがスムーズに新しい生活を始められる環境を整え始め、制度システム自体にも影響を及ぼす結果となった。図５－３はトランスナショナル起業家の創業エコシステムにおける位置づけを概念化したものである。

筆者は、トランスナショナル起業家の存在が創業エコシステムの成長にとって必ずしも必要だという主張をしているわけではない。事実、海外から移住してきた起業家の存在がベルリンよりも顕著ではなくても成功している創業エコシステムも存在するのだ。ただ、世界最大の創業エコシステムとみなされているシリコンバレーを筆頭に、世界を代表するエコシステムにはトランスナショナル起業家

図５－３　トランスナショナル起業家の創業エコシステムにおける位置づけ

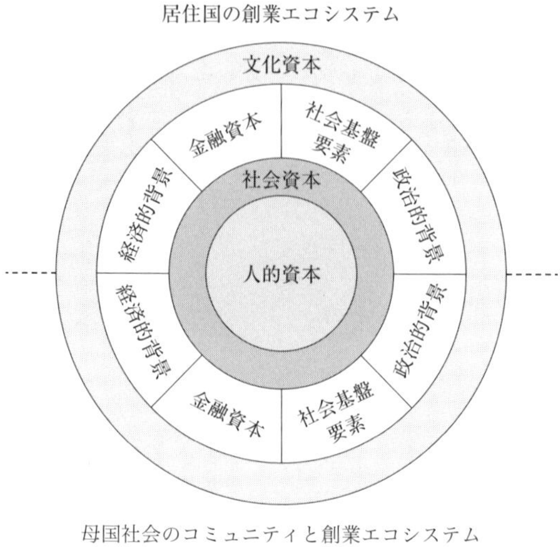

資料：Baron and Harima（2019）を基に筆者作成

が多く存在する。この調査で明らかになった事実は、トランスナショナル起業家が創業エコシステムの成長にどのように貢献しうるかを理解するのに役立つ。事実、ベルリンのエコシステムは10年前には存在しないに等しかったのだ。保守的で、リスク回避的なドイツ人だけで、この短期間でベルリンに世界で最も急成長するスタートアップ・エコシステムを構築することはできただろうか。

ベルリンがトランスナショナル起業家にとって魅力的な場所になったのは、その歴史的背景も一役買っていることを忘れてはならない。敗戦国であったドイツは、ヨーロッパにおける東西対立の舞台となり、特にベルリンは街のなかで東西が分断されていたことは記憶に新しい。その歴史的背景もあり、東西再統一後のベルリンは首都でありながら製造産業の拠点にはならず、また物価や土地の値段が最も安価なヨーロッパの首都の一つとして長く知られていた。ここ数年、ベルリンの不動産は高騰したものの、各国から起業家が移り住み始めた頃はドイツの他の都市と比べても安価に住める場所であったのだ。また、ベルリンはデザインや現代芸術の中心であったため、若者を引きつける文化的魅力を兼ね備えていたことにも言及するべきだろう。

(2) チリ・サンティアゴのトランスナショナル起業家誘致

ベルリンはドイツ国内だけではなく、海外の人々を引きつける魅力をもっていた。しかし、その土地がそうした魅力をもっていない場合、その場所にトランスナショナル起業家を誘致して創業エコシステムの成長につなげることは可能なのか。二つ目の事例は、海外の人々を引きつけるという点では地理的に不利な場所で、創業エコシステムとして急成長した南米チリの首都であるサンティアゴのケースである。

チリの地理的位置は、グローバル・コネクティビティの観点からみると不利な点が多い。南米のなかでは比較的発展していて、政治も安定しているが、世界地図のなかでチリの位置をみると、その他の国と地理的に隔離されていることがわかる。東側にはアンデス山脈、南側には氷河が広がるパタゴニア、西側は太平洋、そして北側にはアタカマ砂漠が広がる。この地理的隔離は、チリと隣国とのつながりを困難にしてきた。そのため、チリの国民は国際社会における自国の可能性を過小評価する傾向にあり、また保守的な考え方が一般的であった。産業構造は炭鉱などの資源産業に強く依存し、イノベーションを基盤とする経済とは大きくかけ離れていた。

そういった不利な状況のなか、サンティアゴのエコシステムはここ10年ほどで急成長し、世界のスタートアップ・コミュニティのなかで知られる存在となった。「チリコンバレー(Chilecon Valley)」とも呼ばれるサンティアゴの創業の状況は、チリ政府の多岐にわたる起業支援のイニシアティブに特徴づけられる。なかでも有名なのは、2010年からチリ政府機関が運営する公的アクセラレーター「スタートアップ・チリ(Start-Up Chile)」である。このプログラムは、国際化が遅れるチリの創業コミュニティを変えるため、トランスナショナル起業家を短期間で誘致することで「逆流的国際化」を促す戦略ともいえるものである。このプログラムはいくつかの特徴がある。

第1に、エクイティ・フリー（株式所有権を求めない）で起業資金を提供するという点である。日本円に換算して数百万円から1,000万円の起業資金を、アクセラレーターのプログラムに参加するスタートアップ企業にエクイティの見返りなしに提供しているのだ。それは、スタートアップ・チリのミッションが創業エコシステムを生み出すことであり、アクセラレーターには収益性を求めていないためである。

第2に、年間300社に近いプログラムの参加者のうち大多数が海外のスタートアップ起業家であるという点である。言い換えれば、チリ国民が納めた税金などの公的資金を海外のスタートアップ企業に起業資金という形で提供していることになる。起業資金を受領し、プログラムに参加した海外の起業家たちは、プログラムが終了するとチリを去るケースがほとんどである。そのため、スタートアップ・チリはアクセラレーターのプログラムに社会貢献を組み込むなどして、一時的にサンティアゴに滞在する海外のスタートアップ起業家たちが少しでも多くの創業に関する知識や文化をチリの人々に広めるような枠組みをつくり出したのである。海外の起業家がチリで新しい生活をスムーズに始められるように、ソフトランディング・サービスと呼ばれるビザ申請などのサポートも提供している。

第３に、かつてのプログラムの参加者が母国に帰国したあとも、サンティアゴの創業エコシステムや他のプログラム参加者とつながりが保てるように、世界中に卒業生ネットワークをつくり上げたことである。つまり、かつてのプログラム参加者を通して、世界中の創業エコシステムとのつながりをつくり上げていったのだ。このスタートアップ・チリのグローバル人脈は、チリの起業家が国際市場に進出する経路になっていった。

ここで改めて、チリ政府がトランスナショナル起業家を誘致することで、どのようにサンティアゴの創業エコシステムが誕生・成長し、そしてどのような課題に直面しているのかを議論する。トランスナショナル起業家はチリにないグローバル思考、スタートアップのノウハウ、国際的な人脈、そしてリスクをいとわず創造的に創業を通して価値をつくり出していくマインドセットを兼ね備えている。彼らが数カ月の間サンティアゴの創業エコシステムで創業活動を行うことによって、チリの起業家、学生、政策決定者、金融関係者などの創業に関するステークホルダーがもつ、チリ従来の文化や考え方に影響を与える。アントレプレナーシップを通してつくり出されていく新しい価値、起業のノウハウ、グローバル・コネクティビティは、トランスナショナル起業家が行動で示すことによって、現地関係者に浸透していくのである。それに加えて、スタートアップ・チリの社会貢献制度を通じて、プログラムに参加するトランスナショナル起業家は現地の中学校・高校や大学で創業に関する授業を行い、現地企業にスタートアップに関するワークショップやセミナーを提供し、チリの創業に興味がある人々のためにスタートアップ・ウィークエンドなどのイベントを開催したのだ。そういった活動を通じて、スタートアップという概念がチリ社会に浸透するきっかけをつくったのである。

しかしながら、前述のとおり、トランスナショナル起業家がサンティアゴに滞在するのは数カ月から長くて1年だ。そのため、一見すると彼らがサンティアゴの創業エコシスムに直接与える影響は一時的であるようにみえる。だが、彼らがもたらした小規模で一時的な変化は、その他のステークホルダーによって拡大・普及される。スタートアップに関するノウハウや知識は普及されることによって、地域に蓄積されていったのだ。トランスナショナル起業家のゲスト講義をきっかけに、政府や大企業で働いて安定することを目指していた学生たちの間で起業家というキャリアへの興味が生まれ、また学生側の需要に応えて大学側がアントレプレナーシップ教育を提供するようになった。ほかにも、スタートアップ・チリに参加するヨーロッパの起業家が始めたスタートアップ・ウィークエンドは現地の人々によって受け継がれ、今では定期的に開催されている。同世代の若い人々が、失敗を成功の糧に変えて創業を通して新しい価値や解決法を生み出し、国際的に活躍する姿を目の当たりにしたチリの人々は、スタートアップ・チリが国際社会に注目されたことも相まって、自国の起業家精神とその可能性を信じ始めるようになった。それは、もはやトランスナショナル起業家個人が生み出す変化ではなく、制度システムレベルでの変化となっていた。

トランスナショナル起業家を「一時輸入」することで、創業に適さない初期環境を覆して創業エコシステムを生み出したサンティアゴ。しかし、サンティアゴの創業エコシステムが今後さらに成長を維持できるのかはまだわからない。というのも、サンティアゴで活躍する起業家の多くは今でもスタートアップ・チリにプログラムに参加する外国人である。活発にえる地域の創業活動の裏に、毎年300社近いスタートアップ企業を人工的に誘致している政府支援があることを忘れてはいけない。チリ政府はスタートアップ・チリ以外にも多岐にわたる起業支援を行っており、サンティアゴに存在するスタートアップ企業に投資するベンチャーキャピタルや資金提供者の大多数が政府のサポートに依存しているのも現状である。「今日、政府が起業サポートをやめれば、明日サンティアゴの創業エコシステムは崩壊するかもしれない」という意見も聞かれた。莫大な資金をつぎこんだチリ政府の創業支援システムは、トランスナショナル起業家をうまく利用することで創業エコシステムを生み出すことに成功したが、その成功が政府の支援から自立し、維持されるかどうかの岐路に立たされているといえる。

6　難民創業の可能性

ここまで、トランスナショナル起業家の実例として先進国である日本でのキャリアを捨てて、あえて発展途上国に渡る日本人起業家、ベルリンの創業エコシステムを魅力的と感じて移住する起業家、そして、チリ政府の誘致政策でサンティアゴに一時的に移住した起業家を紹介した。これらの起業家に共通することは、自らの意志で移住という選択肢を選んだという点である。

一方、人が国際移住する理由はグローバル化が進むにつれて多様化したものの、すべての人が望んで母国を去るわけではない。自国の紛争や政治的な迫害などを理由に海外へ脱出せざるをえない人々を難民と呼ぶ。本節では、望まずして他国へ移住することになった難民のトランスナショナル起業家としての可能性を議論する。

(1) 起業家としての難民

移民起業学の歴史は比較的長い一方で、研究者が難民を特別なタイプの起業家としてスポットライトを当て始めたのはごく最近である。移民起業学で、間接的に難民を移民の一種として扱うことはあっても、そのなかで難民と移民の背景の区別を明確にした研究はほとんど存在しなかった。2000年代に入り、難民の起業家に焦点を当てた研究はいくつか発表されたものの、移民起業学でもアントレプレナーシップ学でも難民創業が話題の中心になることはなかった（Wauters and Lambrecht, 2008）。状況が一転したきっかけは、2011年のシリア内戦の勃発によって母国を去らざるをえなくなった莫大な数の難民が、隣国やヨーロッパに流入したことであった。突如、多数の難民を受け入れることになった居住国の政策決定者は、各方面で対策に追われることになったのである。そのため、難民を受け入れた国々の研究者が難民の起業家としての可能性を模索し始め、難民創業の研究はアントレプレナーシップ学・難民学・移民学・開発学などの分野で近年急増している。

ドイツはヨーロッパのなかで最も多い難民を受け入れた。ドイツにたどり着いた難民は食料・医療・生活スペースが保障される難民キャンプで暮らす。難民申請が受領された人々すべてにドイツ語の語学学校に行く権利・義務を与え、家やアパートなどを無料で提供し、生活保護金を支給する。そのため、ドイツにとって、難民が一刻も早く労働市場で経済的自立を達成する環境をつくることは最重要課題であり、そのなかで注目されたのが難民創業の可能性であった。

(2) 難民起業家の特性

難民起業学では、難民の創業を妨げる要素に焦点を当てることが多いが、忘れてならないのは難民起業家にも特別な強みがあるという点である。なぜならば、彼らもまた国境を越えた移民で、トランスナショナル起業家の強みをもちうるからである。

筆者が参加するEUのプロジェクトでは、20人のドイツ在住の難民起業家に定性的インタビューを行い、その強みを探求した[8]。その過程で明らかになったのは、過去数年にドイツに到着した難民の多くは高学歴で、母国、もしくは第三国で創業経験を含めた就労経験があることであった。ドイツに到着して２年以内の難民が大多数であったが、多くはすでに日常会話レベル以上のドイツ語能力を身につけていた。社会資本に関しても、母国に人脈があることはもちろん、比較的短期間で少数ながら頼れるドイツ人との人脈を築いていた。興味深い点は、移民起業家が同じ文化的背景をもつ他の移民の資本に頼る傾向が概して強いことに対し、難民が既存の、難民ではない移民グループに頼る事例は顕著にはみられなかった。海外就

8　レポート "Resources and Needs of Refugee Entrepreneurship in France, Germany, and Ireland"（DOI: 10.13140/RG.2.2.35002.24000）参照。

業経験がある難民起業家も何人かおり、彼らは中東の国々での人脈をもっていた。

ほかにも、移民起業家と同様に難民は自国の文化に関するイメージや知識を経営資源として起業価値につなげることができるようであった。例えば、自国では弁護士だったシリア人難民は、ドイツでシリアの弁護士資格が認められないことを知り、シリア料理を提供するビジネスを始めたのである。また、不自由な難民生活を経て、難民や移民と移住国社会をつなぐ社会起業の道を選ぶ難民もいた。彼らがもつ特有の知識や経験を、創業を通して社会・経済価値に変えるのである。

ドイツだけでなく、さまざまな国の難民起業家に共通してみられたのは精神的な強さである[9]。自国の内戦や紛争によって家族や仕事を失い、どこに居住できるかわからないまま、命を落としかねない危険をともなう逃避旅行を経て、新しい土地で新しい生活を始める。自国での肩書や資格は認知されないことも多く、また難民の場合は移民と違い十分な準備期間がないまま母国を飛び出したケースが多いので、資格や肩書を証明する資料をもってきていない場合がよくある。自国の資産は差し押さえられたり、金融機関が機能しなくなったりしたことで資産にアクセスできなくなることも多々ある。彼らが負う精神的負担は想像を絶するものである。言語や文化だけでなく、あらゆる制度システムの障壁に直面し、いつまで居住国に滞在できるかわからない環境のなか創業する彼らは特別なレジリエンス（回復力）を兼ね備えているようだった。その立ち直る力

9　Heilbrunn, Freiling, and Harima（2019）参照。さまざまな国で創業する16人の難民起業家の事例を編集し、最終章でクロス・ケースの分析を行った。

の根源は、再びゼロから新しい生活を築きたいという強い意志と、不安定で先がみえない自国から離れて、居住国で新しい生活を始めることに抱く希望に起因する。

(3) 難民起業家が直面する障壁と創業支援

難民は創業するに当たって移民よりも多く、より深刻な障壁に直面する。それにはいくつかの理由が存在する。一つ目の障壁は、居住国（ドイツ）の制度システムにおいて、難民は高い異質性(foreigness) をもつという点だ。難民は母国から逃避する際、どこが最終目的地かわからない場合が多いため、居住国の文化や言語に関する準備が事前にできず、またドイツに来てまだ日が浅いため、ドイツ語やドイツ文化の知識が不足しており、ドイツの公的機関の官僚主義的で複雑な手続きや法的制度の理解も不十分である。さらに、ジェンダーの役割や会話の仕方など、あらゆる文化の側面で、シリアなどの出身国とドイツ社会は異なるため、多くの文化的障壁に遭遇するのである。難民という法的な立場も創業というキャリアを選ぶには不利となることが多い。例えば、ドイツの公的機関はリスクの高い創業ではなく、難民が既存企業で働くことで安定した収入を得ることを望ましいと考える。就業支援機関で難民が創業したいと主張しても、就職することを強く勧められるケースが一般的である。それが、たとえ大学卒業資格をもち、国際的な就労経験をもつ難民であろうと、ドイツ語の知識が不足していることや母国の資格を認識してもらうのが困難であることから、清掃員などの資格がまったくいらない肉体労働を勧められることが多々あるのである。

二つ目の難民特有の障壁は、リソース不足である。前述したとおり、自国が紛争などの政治的・社会的危機にある場合、移住する以前に貯蓄した資本にアクセスできない場合が多い。そのため、ドイツにたどり着いた難民は、生活保護が主な収入源となることが多い。金融資本の不足に加え、ドイツで創業するために必要なビジネスのノウハウが足りない。海外での知識や母国での経験は、ドイツのビジネスに関するノウハウと組み合わさることで、初めて価値創造に貢献する。さらに、難民が創業活動に利用できる社会資本はトランスナショナル創業を行う移民に比べて規模が小さい傾向にある。難民というステータスからか、既存の移民やディアスポラ・ネットワークへのアクセスが限られており、ドイツ人との人脈も移住してからの日の浅さもあり限られているからだ。

三つ目の障壁は、感情的な混乱である。「難民トラウマ」(refugee trauma)とも呼ばれる、望まずして母国を去ることになった難民の精神的な負担に加え、言葉や文化がわからない土地で新しい生活をゼロから始めることは大きなストレスを生み出す。シリアの情報提供者の一人は、「いまだに悪夢にうなされる毎日だ。大きな音や雷の音がすると、爆撃が来るような気がして恐怖にかられる。いつ元の状態に戻れるのかは想像もつかない。わたしがシリアで経験したことは、けっして忘れられる経験ではない」とつらい気持ちを打ち明けた。また、感情的な負担は起業家自身だけのものではない。他のシリア難民は、「つらい経験を経た息子が精神不安定になってしまい、新しい生活にストレスを感じている。だから、できるだけ一緒にいたい。自宅で仕事ができるから、創業したい」と述べた。彼らは、難民トラウマを抱えた家族の精神的な安定を得るためにも奔走しているのだ。

難民起業家の可能性と彼らが直面しうる障壁を知り、ヨーロッパでは公的・私的セクターで難民創業の支援を提供するプログラムが増えている。

共著者とともに、筆者はドイツ・ハンブルクの「MoveOn」という難民創業支援のインキュベーション・プログラムを研究調査した(Harima and Freudenberg, 2019; Harima, Freudenberg, and Halberstadt, 2020)。そのなかで、そうしたプログラムはスタートアップやドイツの制度システムなどの一般的な知識だけではなく、難民の感情面でのサポートや不足する社会資本構築の支援、そして難民起業家が制度システム間の相違から生まれる障壁を乗り越えるために創業過程につき添うなどといった難民起業家の需要に特化したサービスを提供することの重要性が浮き彫りになったのである。一方で、前述したEUのプロジェクトによる調査では、現時点での難民創業に関連する支援が断片的であり、また創業に興味がある難民がそうした支援の存在を知らないということもわかった。これらの発見は、難民がもつトランスナショナル起業家としての可能性を移住国の経済貢献につなげるために、移住国の公的・私的セクターの難民創業支援の在り方を考える必要性を明らかにしたのだ。

7　まとめ

(1) トランスナショナル創業の再整理

本章はトランスナショナル起業家の特徴を浮き彫りにし、その多様性を示唆する実例を基に、トランスナショナル起業家の経済的・

社会的可能性と、彼らが直面しうる障壁について議論した。その結論として以下の３点を述べる。

第１に、トランスナショナル起業家は、そのリソース・ベースと国境を越える価値創造により起業家として特異な強みと弱みをもつが、その特徴は移民のタイプによって大きく異なるという事実である。本章で紹介した実例でもわかるとおり、国際移住という現象は非常に多面的である。自ら安定した生活を捨てて、発展途上国という不安定で慣れない環境で起業する日本人も、シリア紛争から逃れて、見知らぬ土地であるドイツで難民という立場に行動を制限されながら創業する難民もトランスナショナル起業家になる要素を持ち合わせているが、彼らの強みと弱みは大きく異なる。これらの事例は、トランスナショナル創業を理解するうえで、その現象の多様性を考慮することの必要性を示しているのだ。

第２に、トランスナショナル創業が国際社会の発展に貢献するためには、彼らが創業に至るメカニズムと、社会・地域に与える影響など、この現象を多層的・多面的に考慮することが必要不可欠である。発展途上国で創業活動を行う日本人の起業動機や価値創造の過程を理解するためには、国際レベル・日本の国レベルの制度の変化を理解する必要があることが明らかになった。チリ・サンティアゴの創業エコシステムでは、トランスナショナル起業家の人的・社会資本が居住国の国家レベルの政策と地域レベルの制度の変化と相互関連する状況が明確化した。そして、難民のトランスナショナル創業の可能性の事例では、国際情勢や制度、そして居住国の社会が大きな役割を担う事実が鮮明になった。こうした事例からわかるように、トランスナショナル創業は異なったレベルで、あらゆる視点から考察し、理解する必要性がある。そうして初めて、トランスナショナル創業の本質の全体像に近づくことができるのである。

最後に、これらの事例はトランスナショナル創業へのサポートの必要性を明白にした。そして、その起業支援は、トランスナショナル起業家になりうる移民のコンテクストと需要に合ったものでないと効果を発揮しないのである。発展途上国に渡り、日本市場に新たな価値を提供する日本人起業家には、その創業活動において直面しうる障壁を取り除くサポートを提供することに意義があるのだ。そのためにも、トランスナショナル創業という大きな概念で起業家を枠組みせず、彼らがどういった種類の起業家・移民であるかを理解することが、支援側にも求められるのである。

(2) 日本社会への意味

本章で議論したとおり、トランスナショナル創業は経済や社会にユニークな形で貢献する。その点を考慮したうえで、トランスナショナル創業を日本経済・社会の発展に活用するためには何が必要なのだろうか。

まず、日本を去り海外で創業する起業家のトランスナショナルな経済活動を把握することが、彼らの国境を越えた活動が日本経済・社会の発展に与えうる影響を理解するうえで必要不可欠である。日本人トランスナショナル起業家はあらゆる人的・金融・社会資本を海外にも持ち出し、新たな価値を提供する。彼らの活動は、大企業のグローバル市場での活躍とは別の、新たな形の国際的つながりを生み出すのである。また、海外でトランスナショナル創業を経験した日本人は、異なる制度間での困難を乗り越え、新しい価値を生み出す特別な知識をもち、また居住国でさまざまな資本を構築する。そうした日本人は、グローバル化が加速する国際社会で、革新的な発展戦略が求められる日本で他の人々とは違う目線から問題にアプローチできるのだ。日本の創業エコシステムにおいても、日本人の帰還起業家は活躍しているかもしれない。中国やインドでは、北米やヨーロッパからの帰還者が社会・経済に莫大な貢献をしたが、日本も帰還者をどのように活用するか議論する必要がある。また、完全に帰還せずとも、海外に居住する日本人起業家とのグローバル・ネットワークを構築し、日本への知識の転移や日本企業とのつながりを実現しやすい環境を整えることも効果的だといえる。

海外に住む日本人起業家以外にも、日本にかかわるトランスナショナル創業の可能性を秘めた人々がいる。それは、日本に住む移民・難民である。日本に住む外国人は、大企業の駐在員や学生などのエリート移民から、高い学歴をもたない労働移民とさまざまだ。そのなかには、日本で起業する人々も多くいる。彼らはどういったリソースを動員し、日本の創業コミュニティ、そして社会全体にどういった影響を与えるのか。彼らが日本市場で生み出すトランスナショナルな価値はどういう意味をもつのか。そして、彼らは日本でトランスナショナル創業を行ううえで、どのような障壁に直面するのか。日本に住む外国人起業家の経済活動をあらゆる面から理解することが必要である。

(3) 今後の研究課題

トランスナショナル起業家は、国際社会において特異な貢献を果たす可能性を秘めている。本章では、具体的な事例を提示しながら、トランスナショナル創業の可能性と、起業家が直面しうる障壁を紹介したが、こうした議論は始まりにすぎない。本章で議論した内容を踏まえ、トランスナショナル起業家についての日本における今後の研究課題を考えると、まず日本人トランスナショナル起業家については、どのような起業動機をもっているのか、どのように起業する国を選択するのか、発展途上国と先進国では日本人のトランスナショナル起業家はどのように異なるのか、といったことが挙げられる。また、日本で起業する海外出身のトランスナショナル起業家については、日本の創業エコシステムの成長における役割は何か、彼らの存在を日本の創業エコシステムの誕生・成長につなげるためにはどういった支援を提供することが効果的なのか、日本にやって来た難民のトランスナショナル創業の可能性はなるものか、日本の難民創業支援が日本経済の発展により効果的になるためにはどうすればよいのか、といったことが研究課題となるだろう。

研究方法としては、その多様性・多面性のため、大規模な数量調査を行う前にヒアリングを通じた帰納的な定性調査を行い、異なるタイプの国際移住の背景を十分に理解し、決定要因を特定することが効果的である。

また、トランスナショナル創業を理解するためには、学問分野の垣根を超えた研究・調査をすることが求められる。人類学・社会学・移民学などの分野は、移民の背景や社会的・政治的な位置づけを理解することに役立つ情報を提供し、経済学・経営学・アントレプレナーシップ学は移民をアントレプレナーシップ・エージェントとして理解し、ビジネスにおける価値創造を調査することに役立つ。また地理学・歴史学も移民の創業活動の空間・時間軸を理解するために役立つだろう。

本章では、海外におけるトランスナショナル創業が、各国の経済社会にさまざまなプラスの影響を与えていることを紹介した。日本においても、今後トランスナショナル創業に関するさまざまな研究を進め、彼らへの理解を深めていくことは、日本における創業エコシステムのさらなる強化にもつながるのではないだろうか。

参考文献

Aldrich, Howard E. and Roger Waldinger（1990）"Ethnicity and Entrepreneurship." *Annual Review of Sociology*, Vol.16, pp.111-135.

Baron, Thomas and Aki Harima（2019）"The role of diaspora entrepreneurs in start-up ecosystem development—a Berlin case study." *International Journal of Entrepreneurship & Small Business*, Vol.36（1/2）, pp.74-102.

Brown, Ross and Colin Mason（2017）"Looking inside the spiky bits: a critical review and conceptualisation of entrepreneurial ecosystems." *Small Business Economics*, Vol.49（1）, pp.11-30.

Charmaz, Kathy（2014）*Constructing Grounded Theory, 2nd Edition*, SAGE Publications.

Clark, Ken, Stephen Drinkwater, and Catherine Robinson（2017）"Self-employment amongst migrant groups: new evidence from England and Wales." *Small Business Economics*, Vol.48（4）, pp.1047-1069.

COMPASS（2015）"The Global Startup Ecosystem Ranking 2015".

Drori, Israel, Benson Honig, and Mike Wright（2009）"Transnational Entrepreneurship: An Emergent Field of Study." *Entrepreneurship Theory and Practice*, Vol.33（5）, pp.1001-1022.

Harima, Aki（2014）"Network Dynamics of Descending Diaspora Entrepreneurship: Multiple Case Studies with Japanese Entrepreneurs in Emerging Economies." *Journal of Entrepreneurship, Management and Innovation*, Vol.10（4）, pp.65-92.

———（2015a）"Motivation of Japanese Descending Diaspora Entrepreneurs." *Studia i Materiały*, Vol.2（19）, pp.22-36.

———（2015b）"The Role of Local Partners for Descending Diaspora Entrepreneurship: Overcoming Liability of Foreignness." *American*

Journal of Entrepreneurship, Vol.8 (2), pp.89–107.

——— (2016) "Classification of Diaspora Entrepreneurship." in Maria Elo and Liesl Riddle (Eds.), Diaspora Business, Inter-Disciplinary Press, pp.59–70.

——— (2019) "Case Studies: Japanese Entrepreneurs in Emerging Countries: Perspectives for understanding and managing diaspora business and resources." in Maria Elo and Indianna Minto-Coy (Eds.), *Diaspora networks in international business*, Springer, pp.391–403.

Harima, Aki and Thomas Baron (2020) "Is This Transnational Entrepreneurship? Five Cases in Which It Is Hard to Say 'Yes' or 'No'." *Journal of Entrepreneurship and Innovation in Emerging Economies*, Vol.6 (1), pp.12–40.

Harima, Aki, Maria Elo, and Jörg Freiling (2016) "Rich-to-poor diaspora ventures: how do they survive?" *International Journal of Entrepreneurship & Small Business*, Vol.28 (4), pp.391–413.

Harima, Aki and Julia Freudenberg (2020) "Co-Creation of Social Entrepreneurial Opportunities with Refugees." *Journal of Social Entrepreneurship*, Vol.11 (11), pp.40–64.

Harima, Aki, Julia Freudenberg, and Jantje Halberstadt (2020) "Functional domains of business incubators for refugee entrepreneurs." *Journal of Enterprising Communities: People and Places in the Global Economy*, Vol.14 (5), pp.687–711.

Harima, Aki, Jan Harima, and Jörg Freiling (2021) "The Injection of Resources by Transnational Entrepreneurs: Towards a Model of the Early Evolution of an Entrepreneurial Ecosystem." *Entrepreneurship & Regional Development*, Vol.33, pp.80–107.

Harima, Aki and Sivaram Vemuri (2015) "Diaspora Business Model Innovation." *Journal of Entrepreneurship, Management and Innovation*, Vol.11 (1), pp.29–52.

Heilbrunn, Sibylle, Jörg Freiling, and Aki Harima (2019) *Refugee Entrepreneurship: A Case-based Topography, Palgrave Macmillan.*

Kloosterman, Robert, Joanne P. van der Leun, and Jan Rath (1999) "Mixed Embeddedness: (In) formal Economic Activities and Immigrant Businesses in the Netherlands." *International Journal of Urban and Regional Research*, Vol. 23 (2), pp.253-267.

Kuznetsov, Yevgeny (2006) *Diaspora Networks and the International Migration of Skills: How Countries Can Draw on Their Talent Abroad*, World Bank Publications.

Kwak, Min-Jung and Daniel Hiebert (2010) "Globalizing Canadian Education from Below: A Case Study of Transnational Immigrant Entrepreneurship Between Seoul, Korea and Vancouver Canada." *Journal of International Migration and Integration*, Vol.11 (2), pp.131-153.

Liu, Yipeng (2017) "Born global firms' growth and collaborative entry mode: the role of transnational entrepreneurs." *International Marketing Review*, Vol. 34 (1), pp.46-67.

Ndofor, Hermann, A. and Richard L. Priem (2011) "Immigrant Entrepreneurs, the Ethnic Enclave Strategy, and Venture Performance." *Journal of Management*, Vol.37 (3), pp.790-818.

Newland, Kathleen and Hiroyuki Tanaka (2010) "Mobilizing Diaspora Entrepreneurship for Development", Diaspora & Development Policy Project.

Patel, Pankaj C. and Siri Terjesen (2011) "Complementary eff ects of network range and tie strength in enhancing transnational venture performance." *Strategic Entrepreneurship Journal*, Vol.5 (1), pp.58-80.

Riddle, Liesl and Jennifer Brinkerhoff (2011) "Diaspora entrepreneurs as institutional change agents: The case of Thamel.com." *International Business Review*, Vol.20 (6), pp.670-680.

Rouse, Roger (1992) "Making Sense of Settlement: Class Transformation, Cultural Struggle, and Transnationalism among Mexican Migrants in the United States." *Annals of the New York Academy of Sciences*, pp.25-52.

Saxenian, AnnaLee (2002) "Silicon Valley's New Immigrant High-Growth Entrepreneurs." *Economic Development Quarterly*, Vol.16 (1), pp.20-31.

——— (2005) "From Brain Drain to Brain Circulation: Transnational Communities and Regional Upgrading in India and China." *Studies in Comparative International Development*, Vol.40 (2), pp.35-61.

Saxenian, AnnaLee and Jinn-Yuh Hsu (2001) "The Silicon Valley-Hsinchu Connection: Technical Communities and Industrial Upgrading." *Industrial and Corporate Change*, Vol.10 (4), pp.893-920.

Scott, William Richard (1995) *Institutions and Organizations: Ideas, Interests, and Identities*, SAGE Publications.

Spigel, Ben (2017) "The Relational Organization of Entrepreneurial Ecosystems." *Entrepreneurship Theory and Practice*, Vol.41 (1), pp.49-72.

Stam, Erik (2015) "Entrepreneurial Ecosystems and Regional Policy: A Sympathetic Critique." *European Planning Studies*, Vol.23 (9), pp.1759-1769.

United Nations (2017) "International Migration Report 2017". (https://www.un.org/en/development/desa/population/migration/publications/migrationreport/docs/MigrationReport2017.pdf)

Veréb, Vanda N. and João J. Ferreira (2018) "Transnational Entrepreneurship as a Win-Win Scenario of International Knowledge Spillover." *Journal of the Knowledge Economy*, Vol.9 (2), pp.446-472.

Vertovec, Steven (2004) "Migrant Transnationalism and Modes of Transformation." *International Migration Review*, Vol.38 (3), pp.970-1001.

Wauters, Bram and Johan Lambrecht (2008) "Barriers to Refugee Entrepreneurship in Belgium: Towards an Explanatory Model." *Journal of Ethnic and Migration Studies*, Vol.34 (6), pp.895-915.

Wilson, Kenneth L. and Alejandro Portes (1980) "Immigrant Enclaves: An Analysis of the Labor Market Experiences of Cubans in Miami." *American Journal of Sociology*, Vol.86 (2), pp.295-319.

Wright, Mike, Xiaohui Liu, Trevor Buck, and Igor Filatotchev (2008) "Returnee Entrepreneurs, Science Park Location Choice and Performance: An Analysis of High-Technology SMEs in China." *Entrepreneurship Theory and Practice*, Vol. 32 (1), pp.131-155.

Zaheer, Srilata (1995) "Overcoming the Liability of Foreignness." *The Academy of Management Journal*, Vol.38 (2), pp.341-363.

増加する外国人経営者
—日本を愛する人たちの魅力的な中小ビジネス—

2021年7月15日　発行（禁無断転載）

編　者　©日本政策金融公庫
総合研究所
発行者　脇　坂　康　弘

発行所　株式会社 同 友 館
〒113-0033 東京都文京区本郷3-38-1
本 郷 信 徳 ビ ル 3F
電話　03(3813)3966
FAX　03(3818)2774
https://www.doyukan.co.jp/
ISBN 978-4-496-05547-8

落丁・乱丁本はお取替えいたします。